Die KUNST des Zeichnens FÜR KINDER

ZEICHENSCHULE

OPTISCHE TÄUSCHUNG

INHALTSVERZEICHNIS

VERBLÜFFENDE ILLUSIONEN 96

Einige Anleitungen gibt es als Übungsseiten zum Download. Diese Vorlagen stehen im TOPP Download-Center unter www.topp-kreativ.de/downloadcenter nach erfolgter Registrierung zum Download bereit. Den Freischaltecode findest du im Impressum.

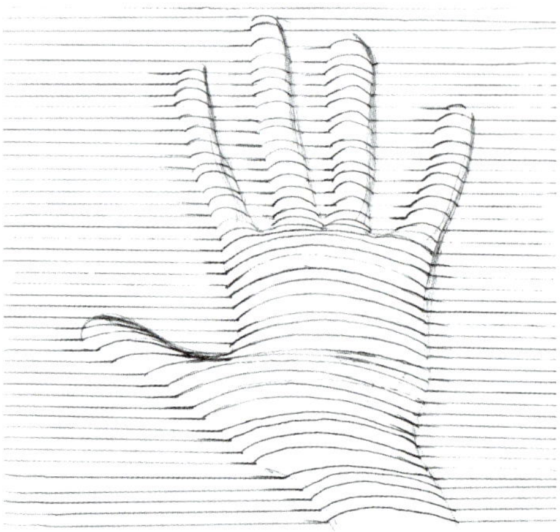
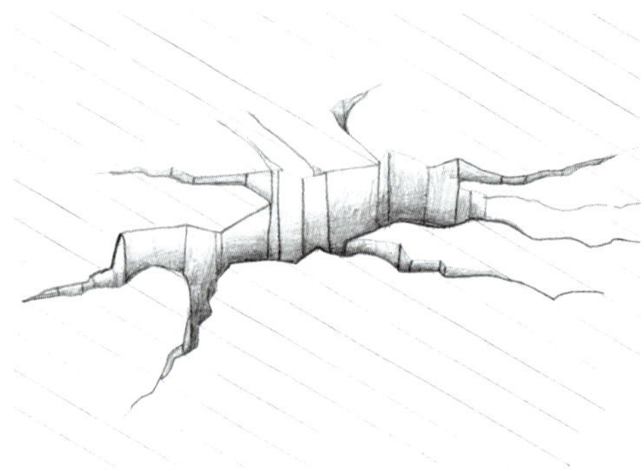

KLEINER KÜNSTLER

Gezeichnet von Jonathan, 10 Jahre (verkleinerte Zeichnungen)

GECKO

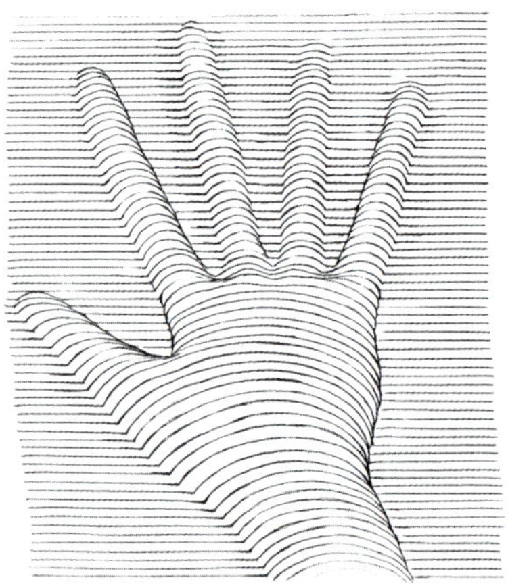
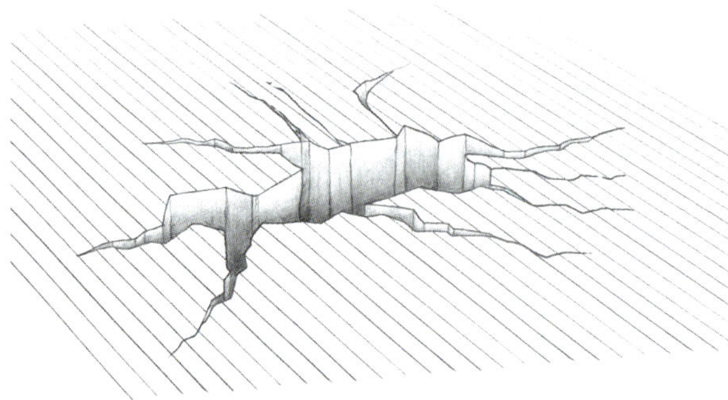

KLEINER KÜNSTLER

Gezeichnet von Milo, 10 Jahre (verkleinerte Zeichnungen)

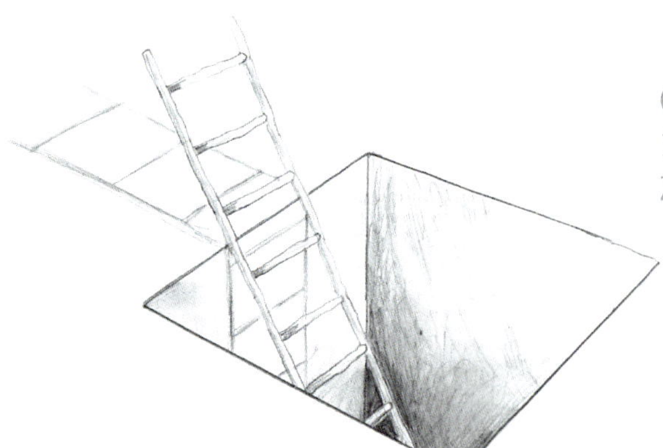

MEINE ZEICHENWELT DER ILLUSIONEN

Liebe kleine und große Künstlerinnen und Künstler,

in den letzten Wochen und Monaten habe ich immer wieder im Internet oder auch in Büchern Abbildungen gefunden, die mich verblüfft haben. Es handelte sich dabei um Darstellungen von sogenannten „Optischen Täuschungen".
Bei einer optischen Täuschung meinen wir, etwas zu sehen, das in Wirklichkeit gar nicht zu sehen ist. Es sind also Darstellungen, die versuchen, das Auge und den Verstand auszutricksen. Solche Bilder gibt es teilweise schon sehr lange. Das bedeutet, dass sich die Menschen auch schon in früheren Zeiten mit solchen optischen Täuschungen beschäftigt haben.
Mich selbst hat das Thema immer fasziniert, deshalb ist daraus die Idee zu diesem Buch entstanden. Ich bin mir sicher, dass ihr auch euren Spaß daran haben werdet, andere mit euren optischen Täuschungen zu verblüffen!
Oft sind solche Darstellungen ziemlich kompliziert zu zeichnen, aber ich habe versucht, sie so zu vereinfachen, dass für jeden von euch etwas dabei ist.
Also, blättert das Buch durch, lasst euch selbst verblüffen und fangt gleich mit dem Bild an, das euch am meisten überrascht.

Euer

Gecko Keck

Schwierigkeitslevel

★☆☆ LEICHT

★★☆ MITTEL

★★★ SCHWER

GRUNDKURS

Bevor du mit den Optischen Täuschungen und Illusionen loslegst, empfiehlt es sich ein paar zeichentechnische Grundlagen anzuschauen. Beim Zeichnen der Motive in diesem Buch kommt es vor allem auf geometrische Grundkörper wie Kreise, Rechtecke oder Dreiecke an und auf das Zeichnen von ganz glatten Flächen und Verläufen. Dabei muss auch nicht alles freihand gezeichnet werden. Du kannst gerne ein Lineal zu Hilfe nehmen.

Materialübersicht:

- Weißes Papier, A4
- Bleistifte (Härtegrad von 2H bis 3B - etwas härter bis sehr weich)
- Spitzer
- Radiergummi
- Zirkel
- Lineal
- Handy oder Fotoapparat

GRUNDFORMEN

Du hast bereits auf der vorigen Seite gelesen, dass geometrische Formen die Grundlage für eine Vielzahl an Zeichnungen zum Thema „Optische Täuschungen“ sind. Deshalb fangen wir auch mit einer ganz einfachen Übung an: Wir zeichnen Kreise, Rechtecke und Dreiecke, sowohl freihand als auch mit Linealen oder Schablonen. Versuche dabei, die Form so genau wie möglich zu treffen, besonders bei den freihand gezeichneten Kreisen, denn diese Formen brauchst du immer wieder.

Freihand oder Lineal
Die Abbildung zeigt eine Vielzahl an geometrischen Grundformen, die ineinander verlaufen und sich überschneiden. Erkennst du, welche davon mit einem Lineal oder einer Schablone gezeichnet wurden und welche freihand?

TIPP

Perfekte Konturen
Für perfekte Konturen brauchst du nicht unbedingt einen Zirkel oder ein Lineal. Du kannst zum Zeichnen der Form zum Beispiel auch ein Glas, einen Teller, eine rechteckige Box oder irgendeine andere Form benutzen.

Ich wurde freihand gezeichnet.

Box nachfahren
freihand

FLÄCHEN UND SCHRAFFUREN

Neben Formen und Konturen ist auch das Schraffieren eine wichtige Technik. Mit den richtigen Schraffurtechniken kannst du ebenmäßige Flächen in Grautönen und Hell-Dunkel-Effekte zeichnen, wie sie praktisch bei jedem Motiv in diesem Buch vorkommen. Schau dir deshalb die hier dargestellten Techniken genau an und probiere sie gleich aus.

Von Schraffuren zur Fläche
Du siehst hier verschiedene, fein schraffierte Flächen, bei denen man die einzelnen Striche fast nicht mehr erkennen kann. Je dichter du eine Schraffur anlegst, desto mehr wirkt sie wie eine geschlossene Fläche. Auf der rechten Seite sind die wichtigsten Schraffurtechniken zu sehen.

Parallelschraffur
Alle Schraffurlinien verlaufen parallel zueinander.

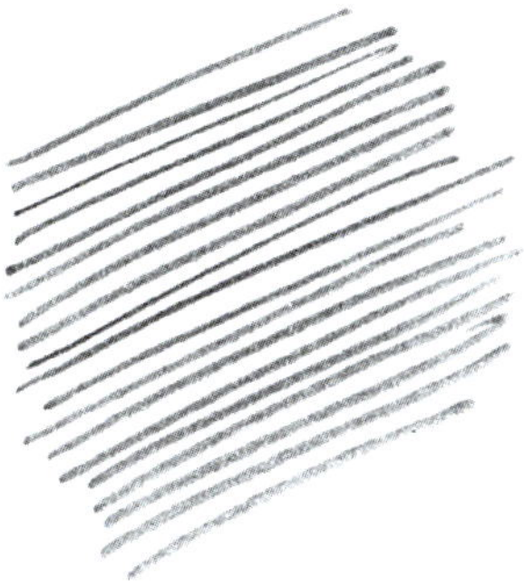

Kreuzschraffur
Die Schraffurlinien überkreuzen sich.

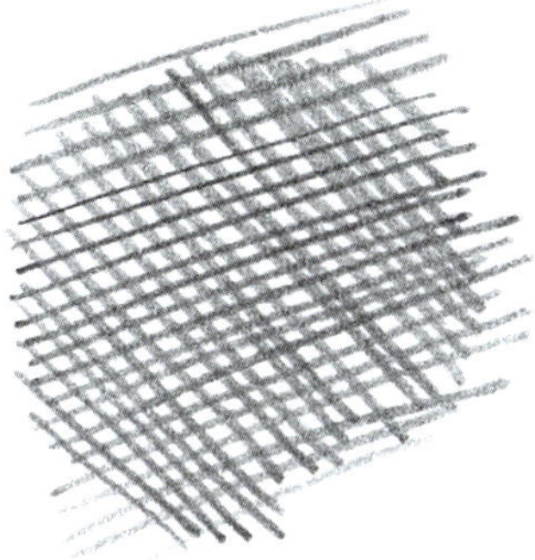

Formlinien
Die gebogenen Linien folgen der Form des Körpers.

Schnell schraffiert
Die Abbildung zeigt einige Beispiele an schnell gezeichneten Schraffuren und Strukturen. Manche davon sind ganz dicht und dunkel, andere wiederum etwas heller und weiter.

TIPP

Von hart bis weich
Zeichne Verläufe und Flächen mit unterschiedlich harten Bleistiften. Du wirst sehen, dass dabei auch ganz unterschiedliche Effekte entstehen.

PARALLELE LINIEN

Das Thema kennt ihr bestimmt aus der Geometrie im Matheunterricht an der Schule: das Zeichnen von parallelen Linien. Ein Geodreieck ist natürlich ein super Hilfsmittel, um perfekte parallele Linien zu ziehen, und selbstverständlich dürft ihr beim Zeichnen der Motive auch jederzeit ein Geodreieck verwenden. Versucht trotzdem immer mal wieder, parallele Linien auch freihand zu üben, denn das schult eure Zeichenfähigkeit.

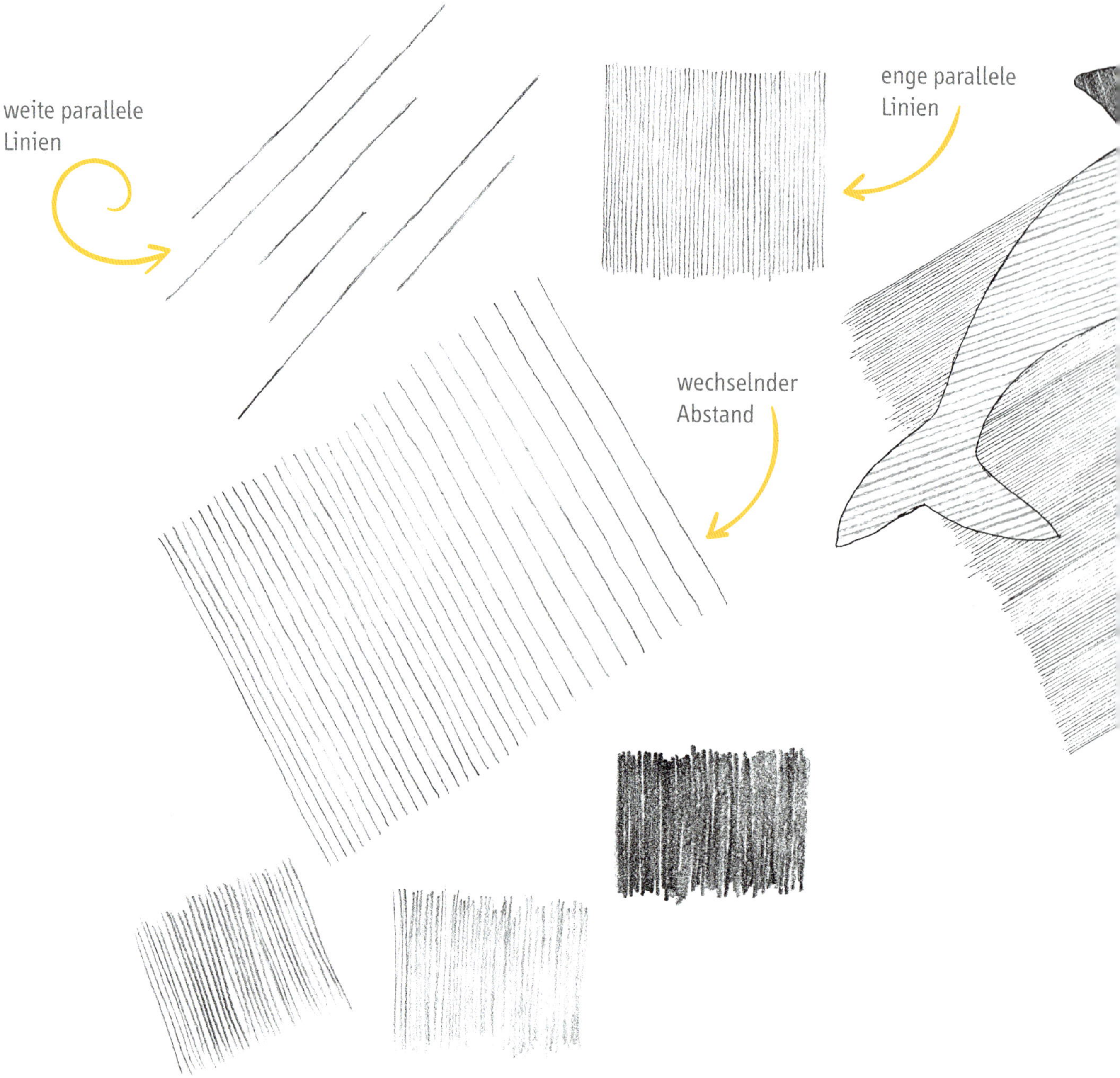

Viele verschiedene Parallelen

Hier sind Flächen mit Parallelschraffuren in verschiedenen Größen und Abständen abgebildet. Auch die Linien innerhalb des Delfins und beim Torbogen verlaufen parallel. Zeichne die Konturen der hier abgebildeten Formen nach oder pause sie einfach durch. Gestalte dann die Flächen innerhalb der Formen und auch außerhalb der Formen mit Schraffuren aus präzise gezeichneten parallelen Linien.

RECHTER WINKEL

1

Ein anderes Thema, das ihr bestimmt aus der Schule kennt, ist das Zeichnen von rechten Winkeln. Auch dafür gibt es natürlich Schablonen und Lineale, aber wir üben es hier freihand. Du wirst feststellen, dass das gar nicht so einfach ist! Zeichne rechte Winkel an Linien mit großem Abstand und an Linien mit sehr kleinem Abstand. Prüfe immer wieder nach, ob der Winkel noch stimmt.

2

Linien-Winkel-Labyrinth
An den Abbildungen siehst du, wie aus der Kombination von rechten Winkeln und parallelen Linien ein Labyrinth entstehen kann. Probiere es gleich selbst mal aus!

TIPP

Kontrolle ist besser
Wenn du wissen möchtest, wie genau du gezeichnet hast, dann nimm ein Lineal und prüfe die Winkel und die parallelen Linien. Du wirst schnell erkennen, wo du vielleicht etwas abgewichen bist.

3
große Abstände
Darin könnte man sich schnell verirren.
kleine Abstände

MUSTER-LABYRINTH

Um ein Labyrinth mit vielen rechten Winkeln zu zeichnen, brauchst du Geduld. Deshalb macht es auch Sinn, wenn du dein Labyrinth gleich als Vorlage für eine weitere Zeichenübung verwendest. Möchtest du dein Original behalten, dann mach einfach eine Kopie davon. Du kannst es auch einscannen und anschließend ausdrucken.

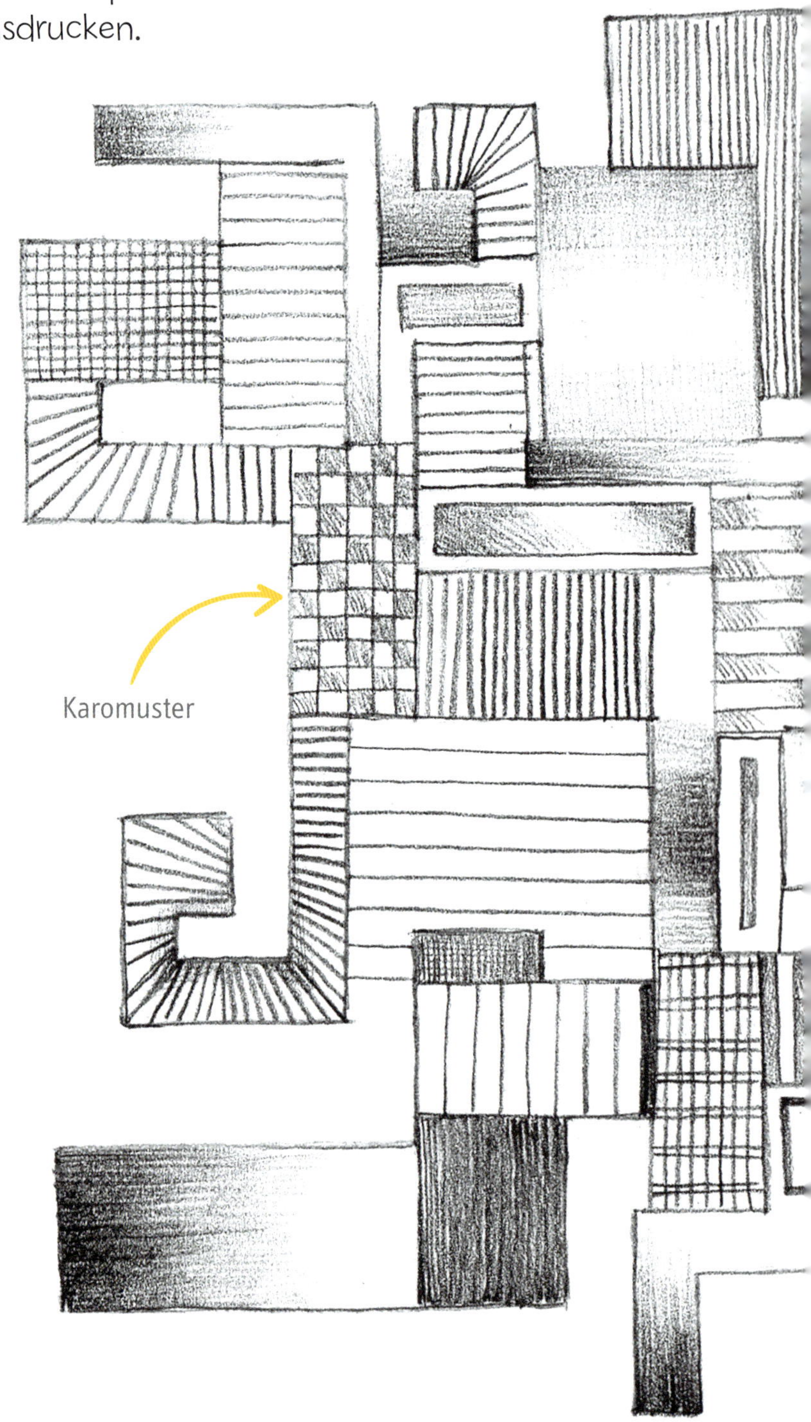

Karomuster

Verschlungene Wege
Hier siehst du, wie das Labyrinth mit einer Vielzahl an Linien, Flächen und Verläufen gefüllt wurde. Zum Schluss ist ein fast undurchdringliches Muster-Labyrinth entstanden. Hast du Lust auf dein eigenes Muster-Labyrinth bekommen? Nimm deine Vorlage zur Hand und leg los!

TIPP

Der richtige Stift
Verwende bei sehr feinen und engmaschigen Linien und Strukturen eher einen härteren Bleistift. Du erkennst ihn am Buchstaben H, davor steht eine Zahl. Je höher die Zahl ist, umso härter ist der Stift. HB ist ein mittelharter Bleistift, B-Bleistifte sind weicher. Ein 2B- oder 3B-Bleistift eignet sich gut für kräftige Linien oder dunklere Strukturen.

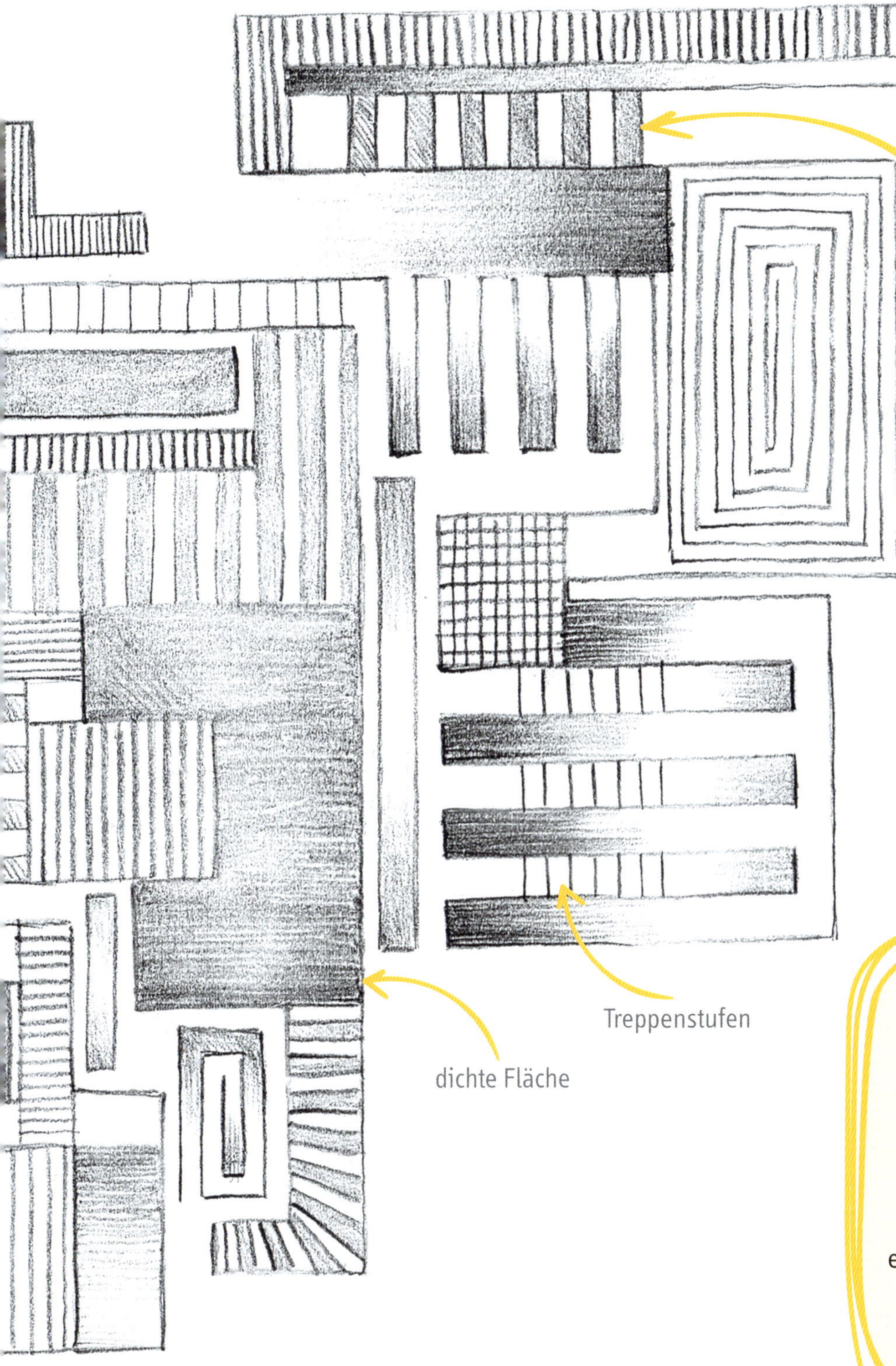

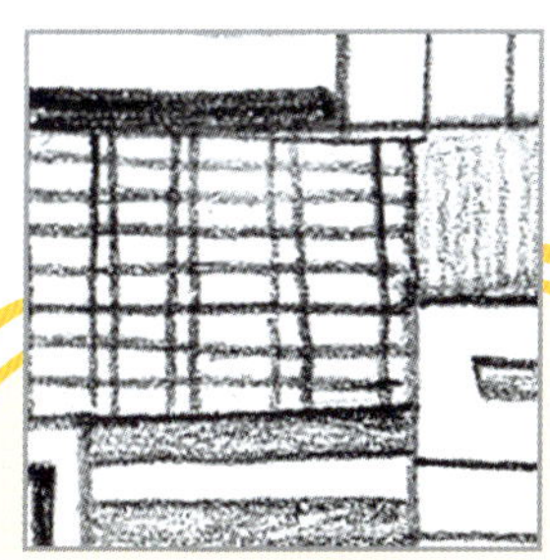

Eng und klein
Das Detail zeigt einen Ausschnitt aus dem Labyrinth. Siehst du, wie engmaschig die einzelnen Linien verlaufen und wie klein die daraus entstandenen Flächen sind?

EINFACHE MUSTER

Weiter geht es in unserem kleinen Einführungskurs zu den wichtigsten Grundtechniken beim Zeichnen! Bei dieser Übung gestaltest du die Flächen von kleinen, freihand gezeichneten Quadraten. Dabei kannst du alles anwenden, was du bisher gelernt und geübt hast – Schraffuren, Linien, Winkel, Kreise, Verläufe ...

Hier siehst du einige Beispiele, aber dir fallen bestimmt noch viel mehr Varianten ein. Probier's einfach aus! Am Ende hast du sogar noch ein interessantes, abstraktes Bild gestaltet.

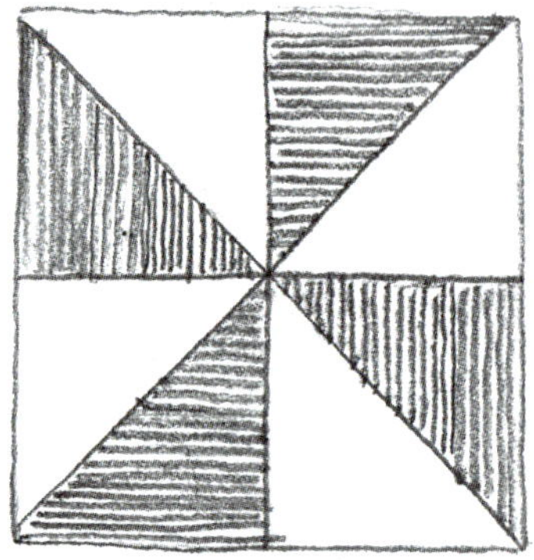

beidseitiger Verlauf

strahlenförmige Struktur

TIPP

Abstrakt – konkret
Natürlich kannst du außer abstrakten Flächen und Formen auch konkrete Dinge in deine Quadrate einfügen. Das kann ein Fenster sein, eine Briefmarke oder auch die Struktur einer Schokoladentafel.

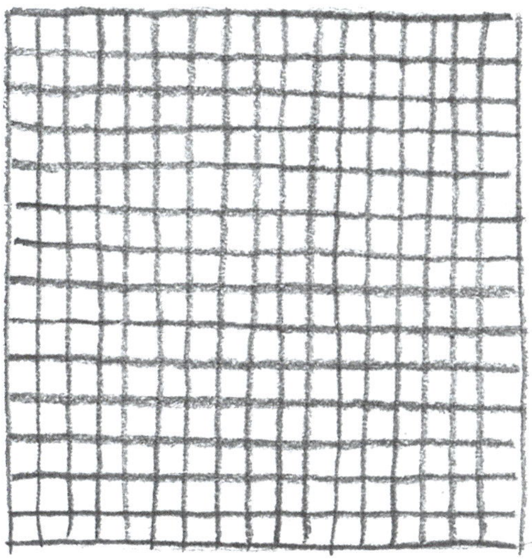

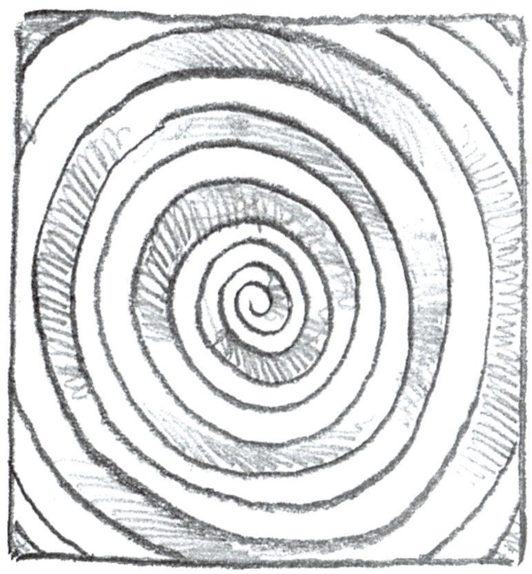

Spirale

Kacheln

STRUKTUREN IM KLECKS

Jetzt wird's noch etwas anspruchsvoller. Bei dieser Übung probierst du spezielle Strukturen und Oberflächen aus. Zeichne dazu zuerst die Umrisse eines großen Kleckses auf ein DIN-A4-Papier. Fülle diesen Klecks dann mit allen möglichen Oberflächengestaltungen, von Schuppen über Stoppeln bis hin zu Bläschen und Kristallen. Je mehr du dabei ausprobierst, umso mehr kannst du deine Strukturen später bei den Motiven mit einbringen.

wellenförmige Linien

Alles ausprobieren
In diesem Klecks versammeln sich ganz viele Varianten von unterschiedlichen Oberflächen. Da in diesem Buch auch figürliche Darstellungen wie zum Beispiel Tiere vorkommen, macht es Sinn, auch organische Oberflächen wie Schuppen oder Fell zu testen. So meisterst du später auch diese Motive.

TIPP

Schau genau hin
Schau dir zum Üben im Internet Bilder von Tieren an, besonders Tiere wie Echsen, Kröten oder auch Meerestiere. Viele von ihnen haben wirklich eine ganz besondere Haut mit auffallenden Oberflächenstrukturen.

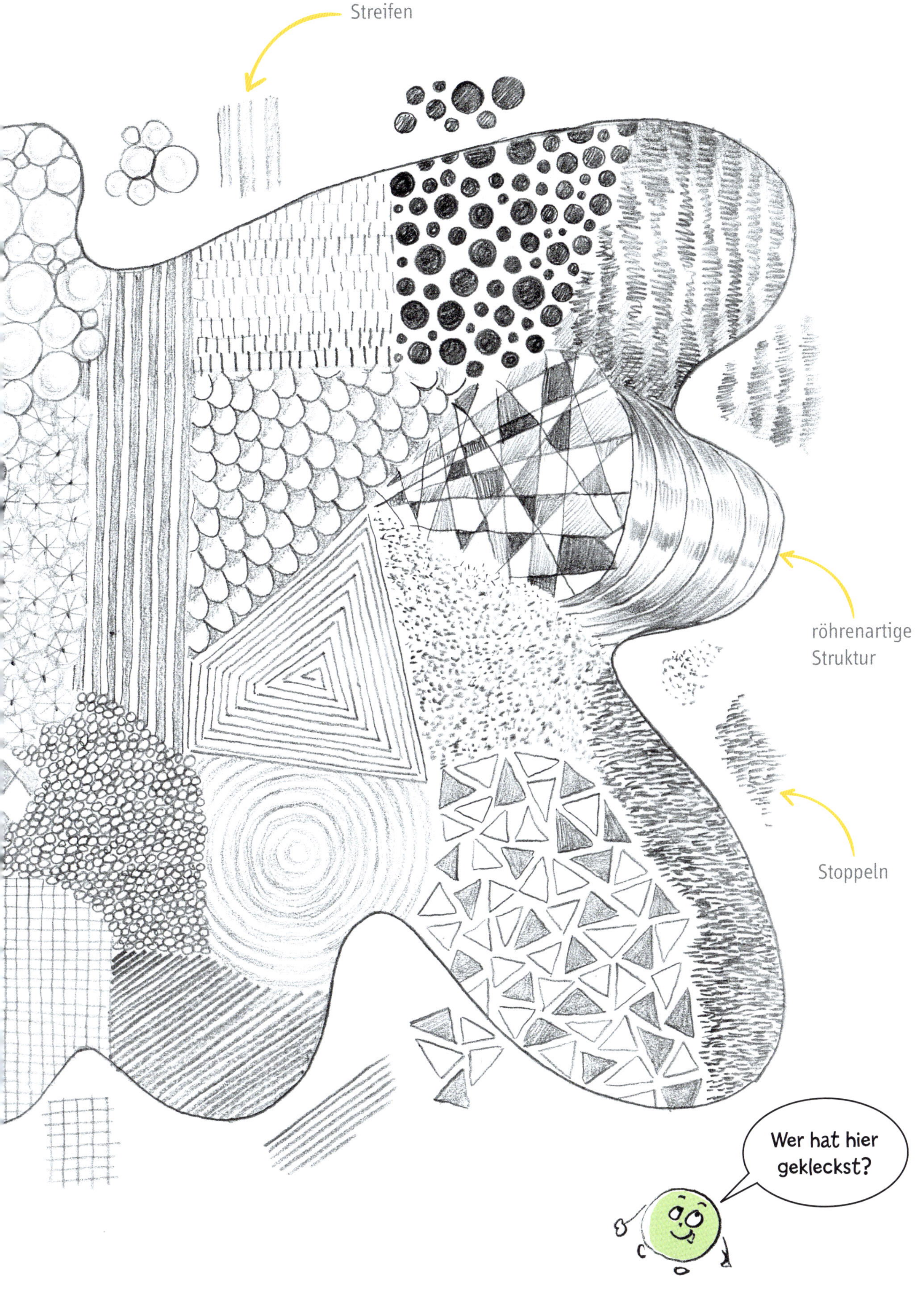
Streifen
röhrenartige
Struktur
Stoppeln
Wer hat hier
gekleckst?

ILLUSIONEN ZEICHNEN

Hier siehst du die wichtigste Abbildung in diesem Grundkurs, denn nun überschreiten wir die Grenze von einfachen Zeichenübungen zur Illusion. Die Kreise zeigen Techniken, die du bereits kennst.

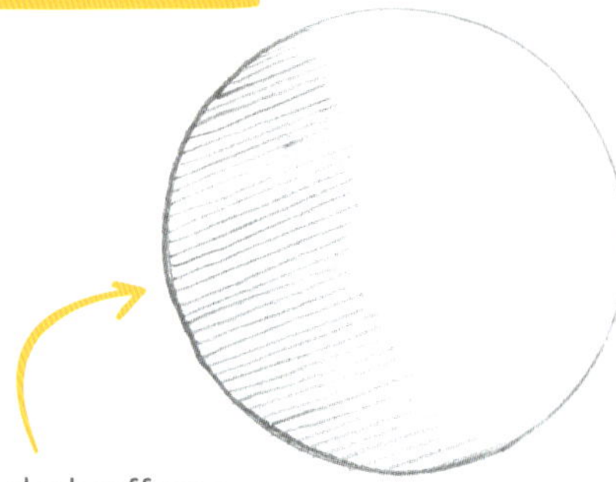

Parallelschraffuren

Von oben nach unten: Mehr und mehr Illusion
In den oberen Reihen erkennst du Parallelschraffuren, Flächen und Verläufe. Schon durch ganz wenige Schraffuren entsteht der Eindruck, dass es sich nicht nur um eine runde Fläche, sondern um eine Kugel handeln könnte.

In der Mitte sind die Kreise mit Mustern gefüllt. Sie werden zu einer gestalteten Fläche und wirken flach.

Unten wird's interessant! Durch den Einsatz von weichen Verläufen und Schatten entsteht nun wirklich der Eindruck einer Kugel. Bei der Kreisform unten in der Mitte habe ich die Verläufe, die Glanzpunkte und den Schatten so gezeichnet, dass die stimmige Illusion einer (Blei)kugel entstanden ist. Auf diese Art und Weise werden wir im Buch weiterarbeiten.

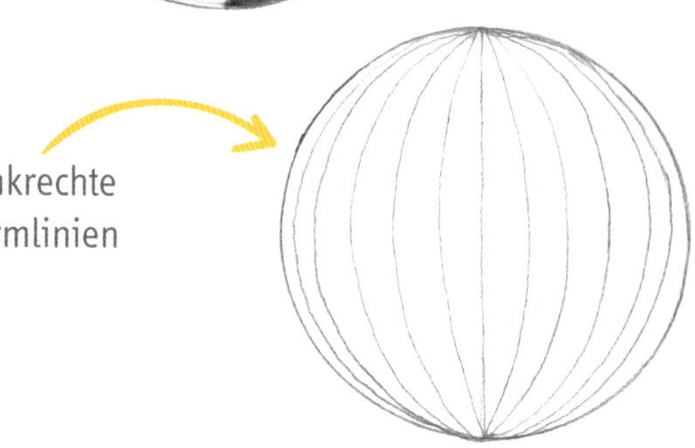

senkrechte Formlinien

TIPP

Licht und Schatten
Wenn dir nicht ganz klar ist, wohin ein Schatten fällt oder wo die Glanzpunkte auf einer Kugel sind, dann nimm einfach eine echte Kugel, beleuchte sie mit einer Taschenlampe und beobachte, wie sich Licht und Schatten verhalten.

schwebende Kugel

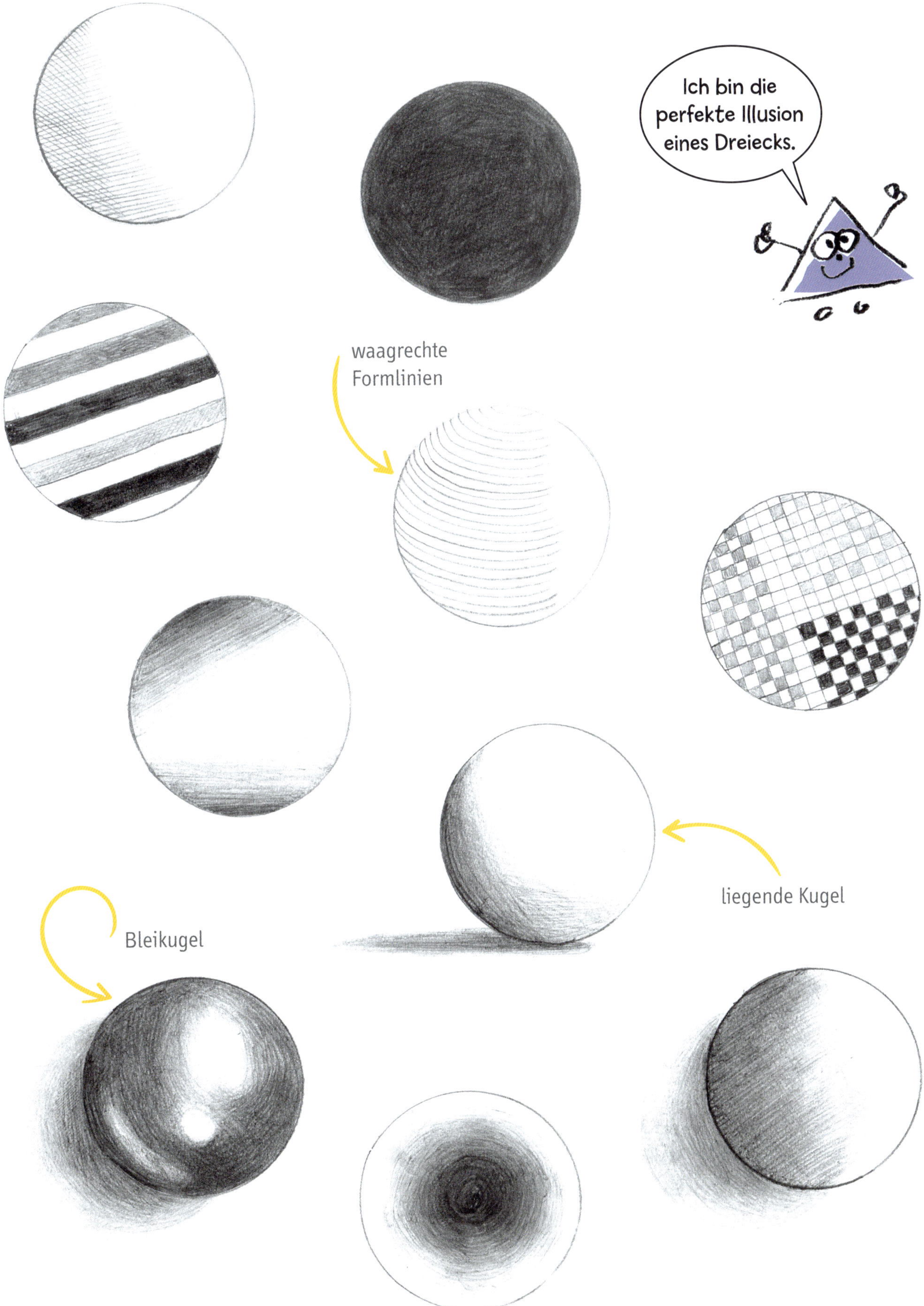
Ich bin die perfekte Illusion eines Dreiecks.
waagrechte Formlinien
liegende Kugel
Bleikugel

PERSPEKTIVE

Nun schauen wir noch gemeinsam in die Grundlagen des perspektivischen Zeichnens hinein. Das ist ein wichtiges Thema, denn viele Motive in diesem Buch beruhen auf perspektivischen Darstellungen. Der Trick besteht häufig gerade darin, die Perspektive so abzuändern, dass optische Täuschungen entstehen. Natürlich ist es möglich, die Motive auch ohne diese Kenntnisse Schritt für Schritt zu zeichnen. Wer aber etwas Ahnung vom perspektivischen Zeichnen hat, kann natürlich noch ganz eigene Ideen mit einbringen.

Hier siehst du die wichtigsten Grundtechniken für perspektivische Zeichnungen.

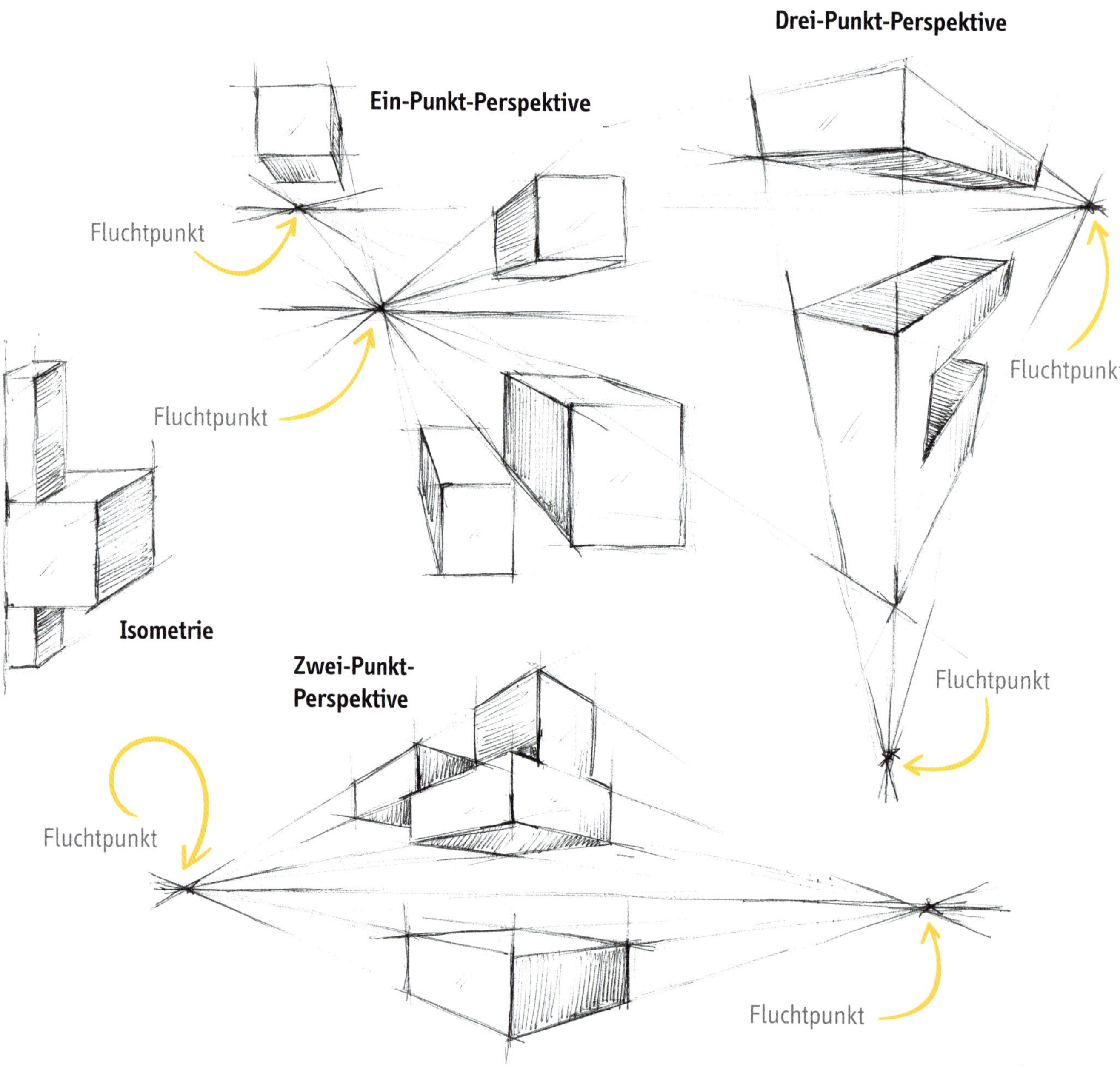

Landschaftliche Perspektive
Hier siehst du, wie sich am Beispiel einer Landschaft verschiedene Perspektiven konkret anwenden lassen. Du kannst den Unterschied zwischen Isometrie, Ein-Punkt- und Zwei-Punkt-Perspektive so sehr gut nachvollziehen.

TIPP

Perspektiven erkennen
Nimm Fotos von Gebäuden und Straßen zur Hand und versuche zu analysieren, welche Perspektiven darauf zu erkennen sind. Wenn du die Perspektive in einer realen Situation erkannt hast, fällt es dir auch deutlich einfacher, sie zu zeichnen.

Isometrie
Die Isometrie ist die einfachste Form der Perspektive. Sie bedeutet, dass alle gegenüberliegenden Linien parallel verlaufen.

Ein-Punkt-Perspektive
Alle im Raum nach hinten verlaufenden Linien treffen sich in einem Punkt auf dem Horizont. Senkrechte Linien bleiben senkrecht, waagrechte Linien bleiben waagrecht.

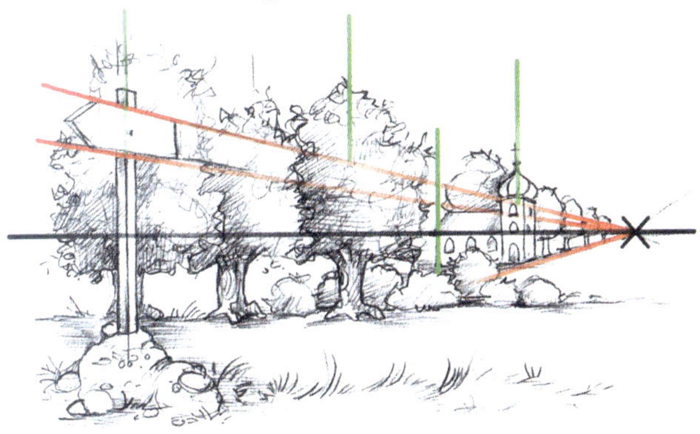

Zwei-Punkt-Perspektive
Alle im Raum nach hinten verlaufenden Linien fluchten in zwei Punkten auf dem Horizont. Senkrechte Linien bleiben senkrecht, waagrechte Linien fluchten in einem der Fluchtpunkte.

SCHRITT FÜR SCHRITT

Auf dieser Doppelseite siehst du beispielhaft, wie die Zeichnungen in diesem Buch vorgestellt werden. An dieser Stelle steht immer ein kleiner Einführungstext mit Informationen zu dem Motiv.
Damit du den Zeichenprozess gut nachvollziehen kannst, ist das Motiv hier detailliert in fünf Schritten erklärt. Meistens sind die Motive mit nur vier großen Schrittzeichnungen abgebildet, sodass du jeden Fortschritt genau sehen kannst.

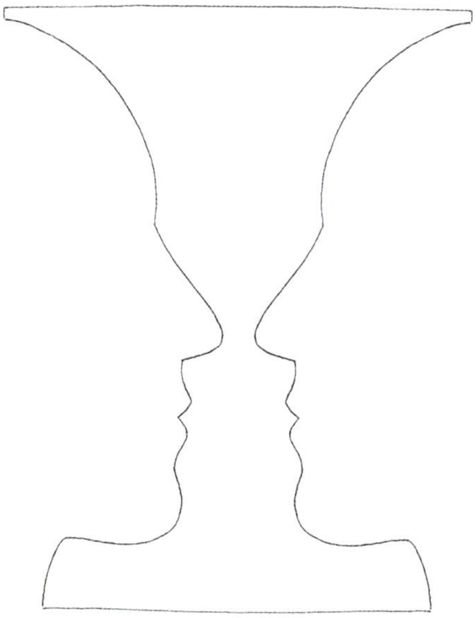

1 **Grundformen zeichnen**
Zeichne zuerst die groben Konturen der beiden Köpfe im Profil. Füge dann die waagrechte obere und untere Linie des Pokals hinzu.

2 **Details einfügen**
Zeichne jetzt die Details der beiden Köpfe im Profil ein und füge die weiteren waagrechten Linien hinzu, die zum Pokal gehören.

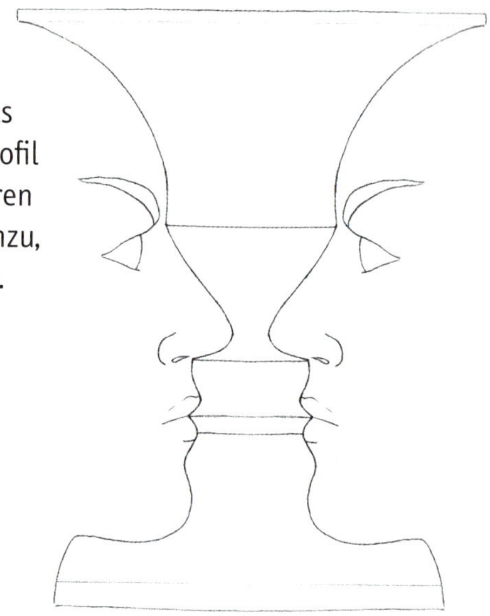

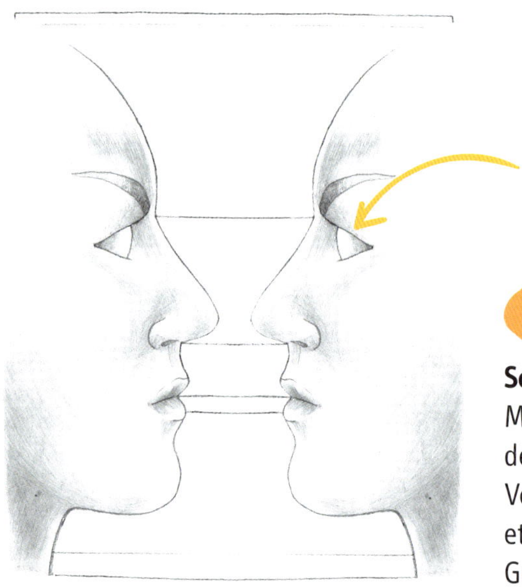

3 **Schraffieren**
Modelliere mit feinen Schraffuren die Gesichter der beiden Köpfe. Orientiere dich dabei an der Vorlage, dann siehst du, an welchen Stellen du etwas kräftiger schraffieren solltest, um das Gesicht gut darzustellen.

TIPP

Du kannst einen Schritt auch abpausen, wenn du beispielsweise mit den Konturen noch nicht so gut zurechtkommst. Schritt 1 und 2 sind meist am besten zum Abpausen geeignet.
Wenn du manche Schraffuren gern noch genauer anschauen möchtest, empfehle ich dir, den Schritt mit einem Handy oder Tablet zu fotografieren. Dann kannst du das Foto ganz nah heranzoomen.

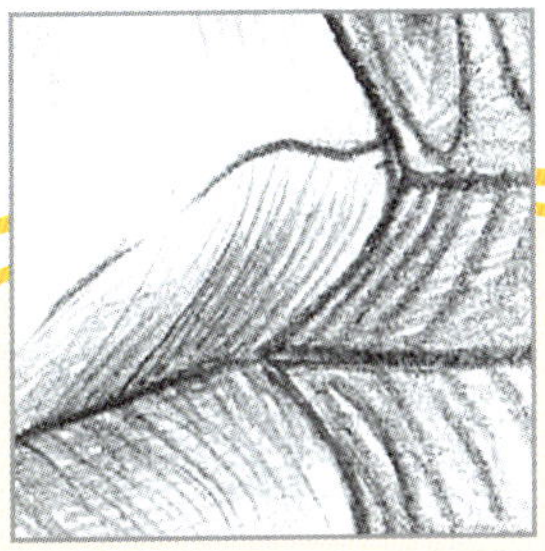

DETAILANSICHT

Das Detail zeigt zum besseren Verständnis einen Bildausschnitt. Hier siehst du, wie eine Mundform und ein Teil des Pokals unmittelbar aneinandergrenzen. Zeichne die Hauptkonturen kräftiger, die inneren Konturen feiner und etwas heller.

Das ist schon super!

4

Ausarbeiten

Nimm dir jetzt den Pokal vor und gestalte mit fein ausgearbeiteten Elementen und Ornamenten seine obere Hälfte. Das sieht doch schon prima aus! Du kannst stolz auf dich sein, wenn du das geschafft hast.

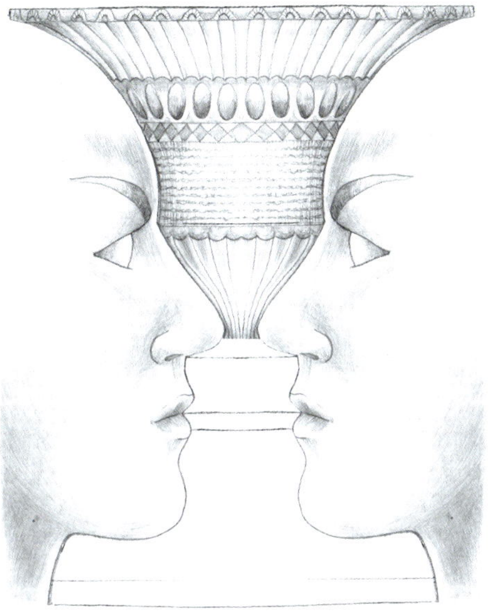

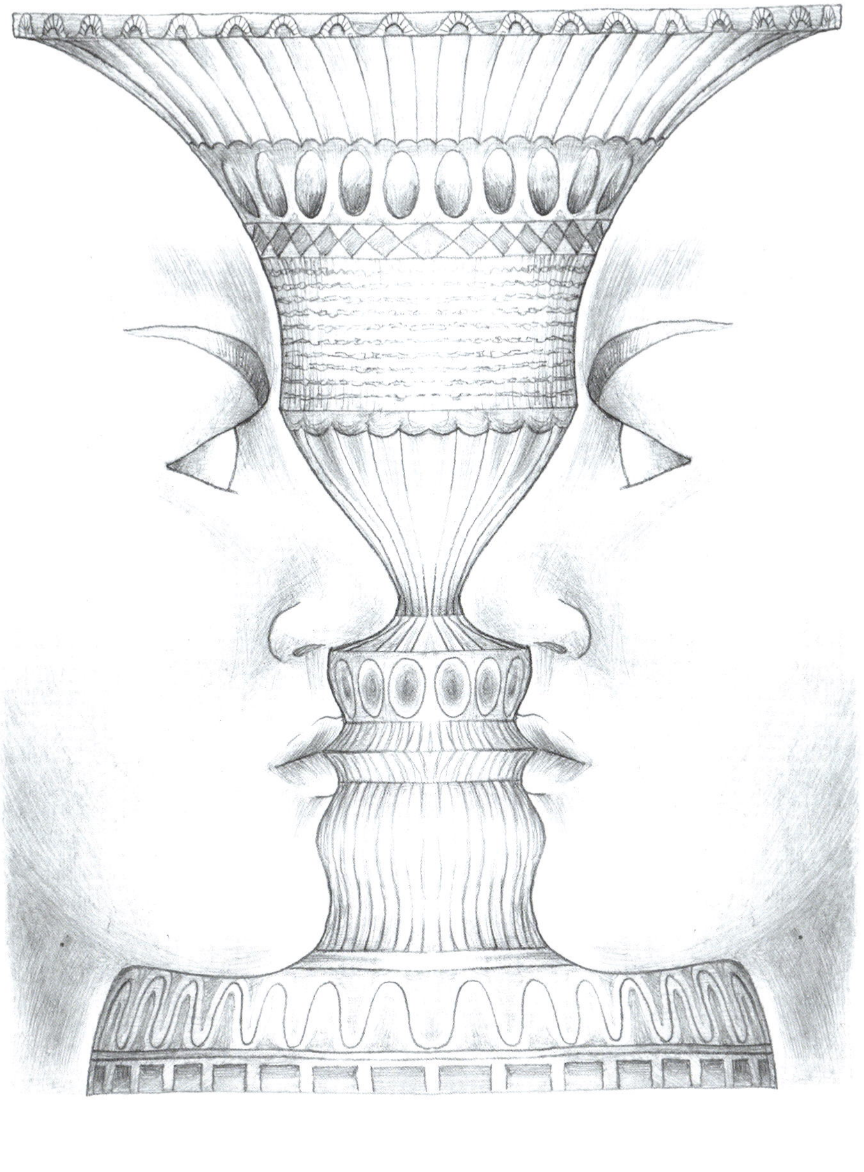

Für kleine Profis

5

Feinschliff

Arbeite die untere Hälfte des Pokals auf dieselbe Art und Weise aus. Das Schraffieren will geübt sein und ist bei diesem Motiv schon echte Königsklasse. Das gilt auch für andere Zeichnungen in diesem Buch. Lass dich nicht entmutigen, wenn es bei dir nicht auf Anhieb so aussieht wie bei den abgebildeten Motiven. Bleib dran und übe immer wieder, dann wirst du schnell Erfolge sehen!

PERSPEKTIVISCHE ILLUSIONEN

Gleich kannst du dein Wissen aus dem Grundkurs für deine ersten optischen Täuschungen einsetzen: Das folgende Kapitel handelt von falschen und abgewandelten Perspektiven und der Verwirrung, die durch solche Darstellungen ausgelöst werden kann. Manche dieser Motive sind ganz einfach und du wirst sie schnell zeichnen können. Andere sind etwas kniffliger und erfordern mehr zeichnerisches Geschick. Eines haben sie aber alle gemeinsam: Am Ende kommt ein Ergebnis heraus, mit dem du deine Freundinnen und Freunde oder deine Familie wirklich verwirren kannst. Also, spitz deine Bleistifte, wir legen gleich los!

SÄULENGANG

★☆☆

Fangen wir mit einem einfachen Motiv an. Es ist ein Würfel mit unmöglichen Bogen. Die Bogen, die sich eigentlich an den Vorderseiten befinden sollten, liegen plötzlich hinten. Der Grund dafür ist eine perspektivische Verkürzung der Pfeiler.
Wer sich mit den perspektivischen Darstellungen beschäftigt hat, wird erkennen, dass es sich hier um eine Zwei-Punkt-Perspektive handelt. Das bedeutet, die waagrechten Linien fluchten nach links und nach rechts.

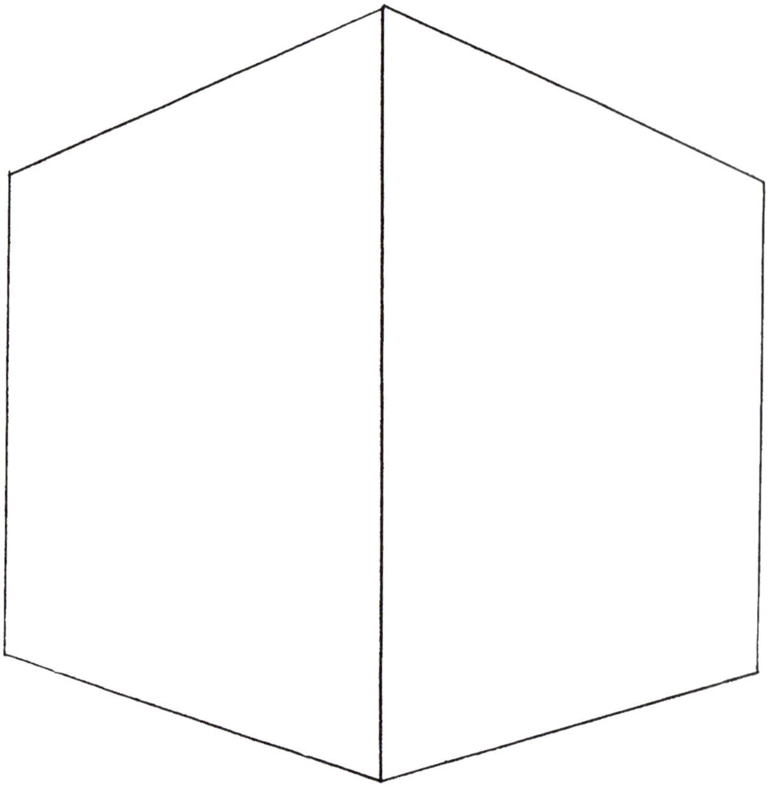

1 Zeichne die Konturen des Würfels in der dargestellten Perspektive. Du kannst gern ein Lineal verwenden.

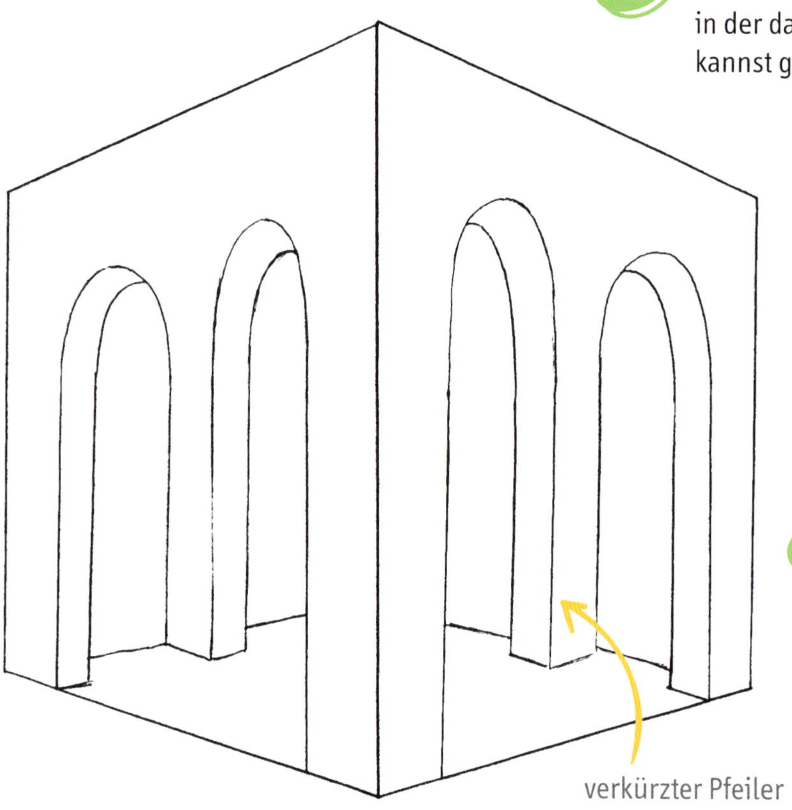

2 Füge die vier Bogen hinzu. Verkürze dabei die beiden Pfeiler in der Mitte so, dass sie auf den hinten liegenden Seiten enden.

3

Schraffiere die Innenseiten der Bogen dunkel. Die Seitenflächen gestaltest du mit feinen Verläufen von hell nach dunkel.

Das ist schonsuper!

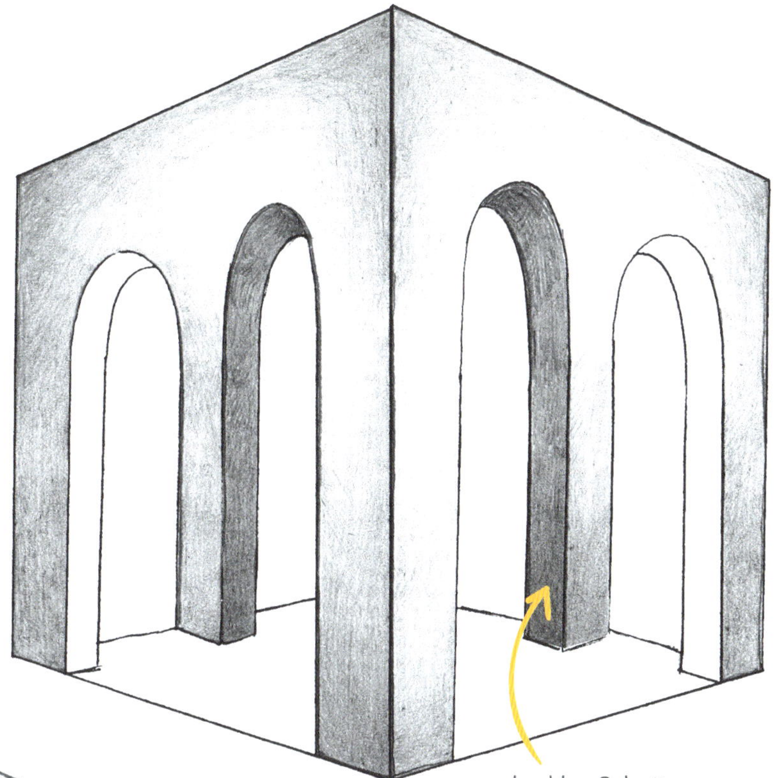

dunkler Schatten

Für kleine Profis

4

Arbeite die Schraffuren weiter aus und füge auf der Grundfläche auch noch Schatten unter den Bogen hinzu. Super, das hat doch schon sehr gut geklappt!

IN WIRKLICHKEIT
Hier siehst du den Säulengang, wie er tatsächlich aussehen würde, wenn die Perspektive nicht manipuliert wird.

HOCH ODER RUNTER?

★★☆

Ich gebe zu, ich habe etwas gebraucht, bis ich verstanden habe, was an dieser Treppe so sonderbar und perspektivisch falsch ist. Doch schaust du die Treppe von vorn an, führt sie zuerst nach oben, dann nach unten. Schaust du die hintere Seite an, ist es genau umgekehrt. Die Treppe führt dann zunächst abwärts und dann nach oben. Es handelt sich hier um eine isometrische Darstellung.

1 Zeichne zuerst die vordere Seite mit den zunächst aufsteigenden und dann abfallenden Treppen.

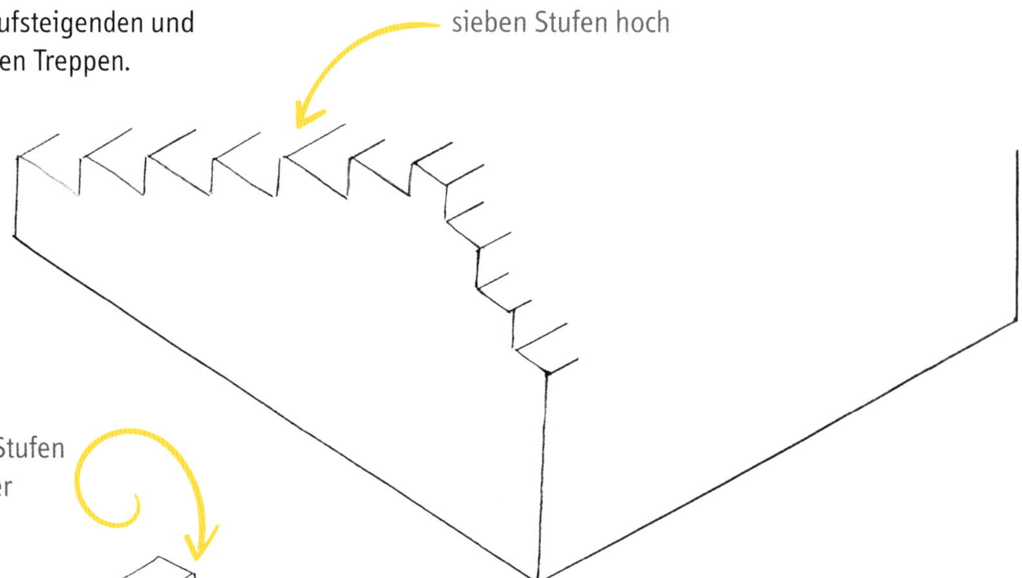

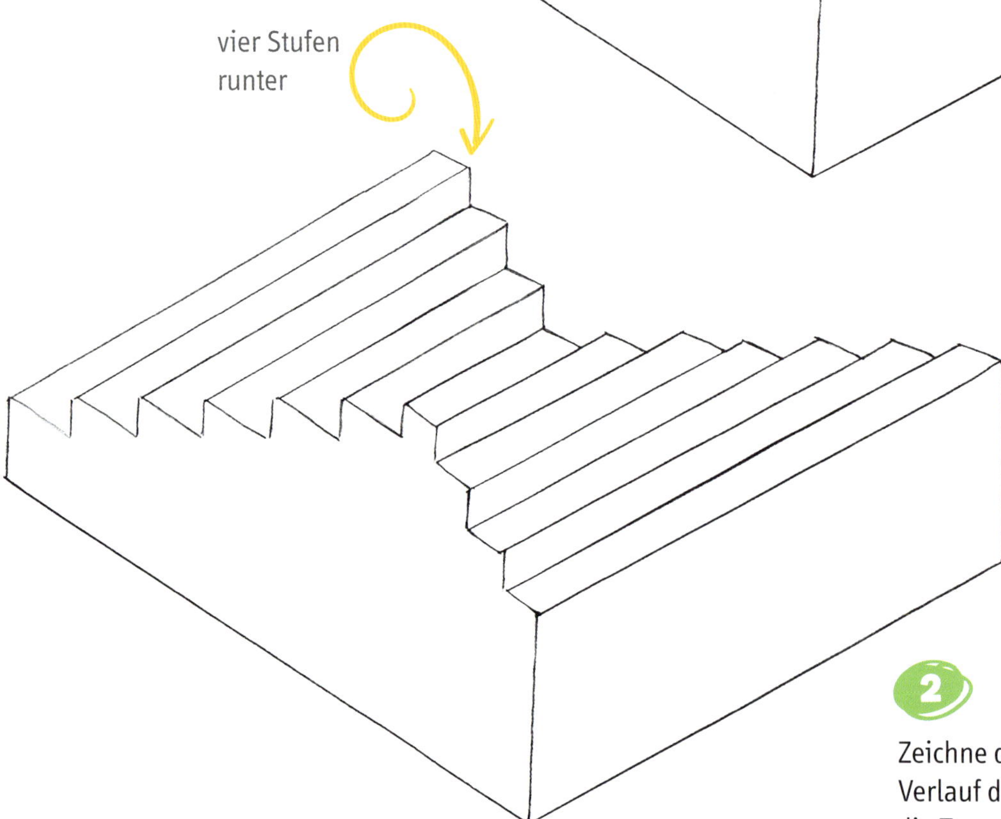

2 Zeichne dann den hinteren Verlauf der Treppe ein. Verbinde die Treppenstufen mit einzelnen, parallelen Verbindungslinien.

Das ist schon super!

3

Schraffiere die Vorderseite dicht und ganz dunkel und die Seitenflächen etwas heller.

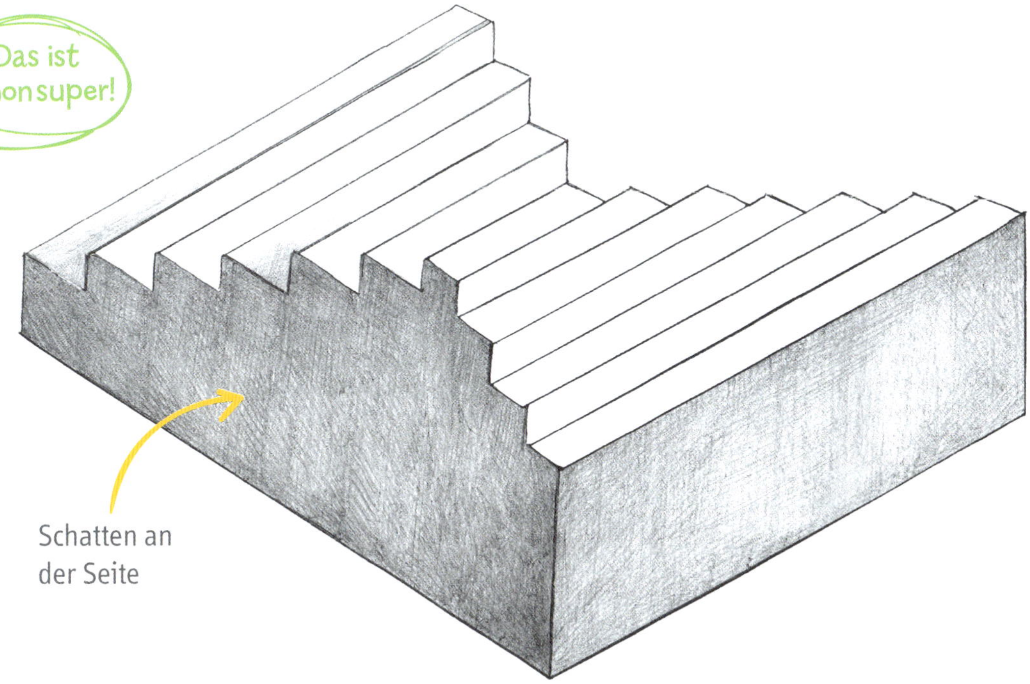

Schatten an der Seite

4

Gleich hast du es geschafft! Gestalte zum Schluss die Schattenbereiche an den einzelnen Stufen mit zarten und kräftigeren Schraffuren.

Für kleine Profis

DETAILANSICHT

Das Detail zeigt, dass die Linien hier mit einem Lineal gezeichnet wurden. Kontraste machen ein Bild spannender, so wie die dunklen Seitenflächen im Kontrast zu den hellen Stufen.

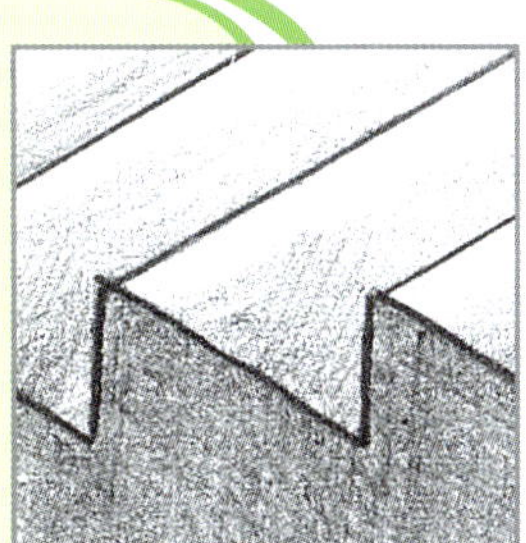

KNICK IN DER OPTIK

★☆☆

Vom Aufbau her einfach, aber nicht weniger verwirrend anzuschauen ist diese 3-D-Zeichnung eines Dreiecks. Geht es dir auch so? Immer wenn man meint zu verstehen, wie nun die drei Seiten des Dreiecks zusammenlaufen, stimmt es schon wieder nicht. Das Dreieck wirkt verdreht. Verstärkt wird dieser Eindruck noch durch die Schatten an den Seitenflächen und die dunklen Schmuckstreifen.

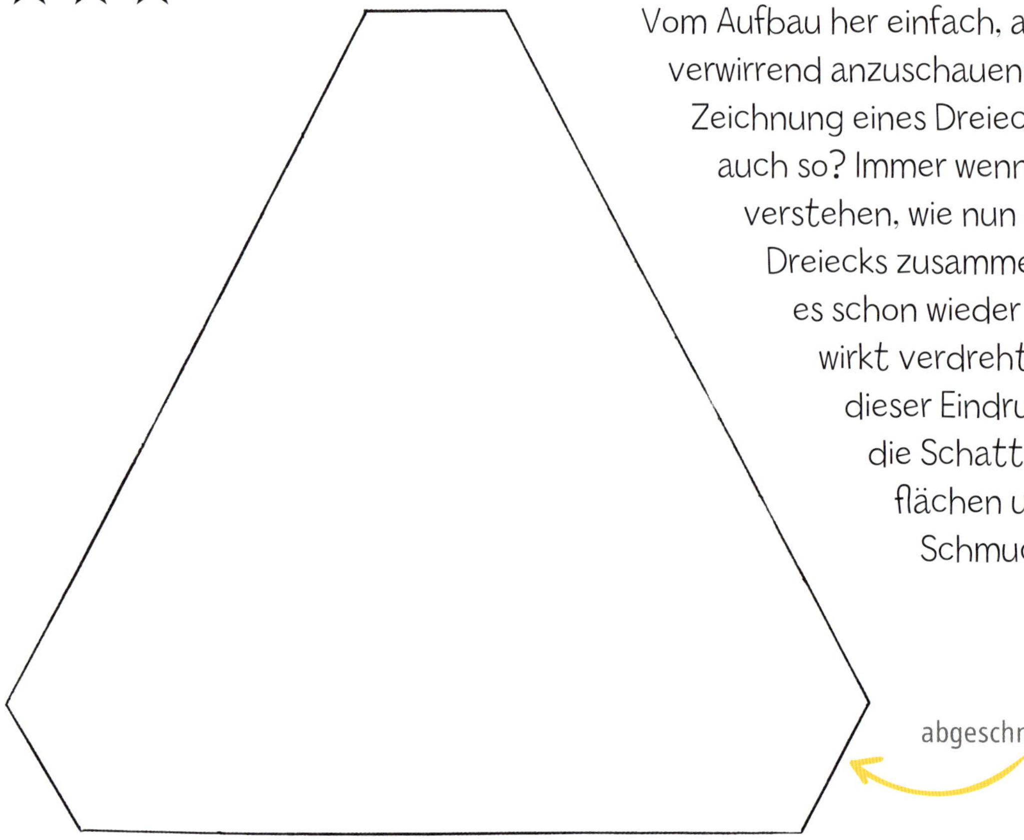

abgeschnittene Spitze

1. Zeichne im ersten Schritt ein gleichseitiges Dreieck, bei dem jeweils die Spitzen abgeschnitten sind.

2. Zeichne nun pro Seite des Dreiecks zwei weitere Linien ein, die parallel zu den Begrenzungslinien des Dreiecks verlaufen. Entferne dann mit deinem Radierer die Überschneidungen der Linien in den Ecken. Ergänze die Kontur der Streifen.

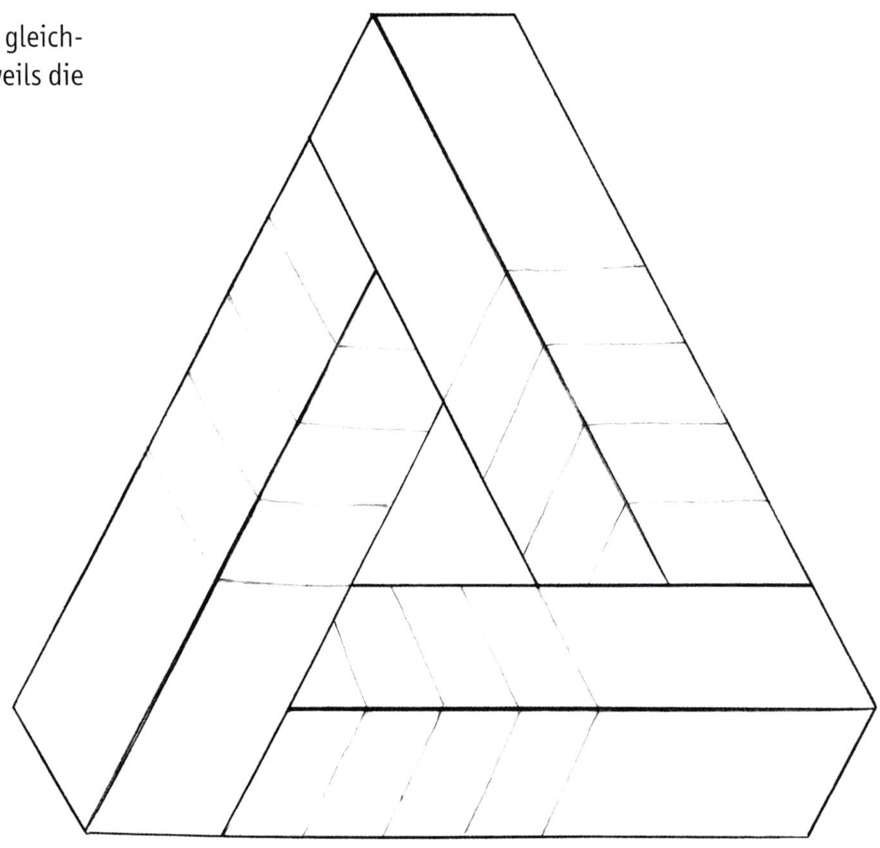

3 Jetzt zeichnest du die Musterstreifen an den drei außenliegenden Flächen ein. Schraffiere jeweils zwei der Streifen dunkel.

Das ist schonsuper!

DETAILANSICHT
Das Detail zeigt dir die dunklen Flächen im Licht an der Außenseite und im Schatten an der Innenseite.

4 Für kleine Profis

Schraffiere die Flächen, die sich nach innen hin an die dunklen Flächen anschließen, noch dunkler. Zum Schluss schraffierst du noch die Schattenbereiche an den Ecken und an den inneren Winkeln.

WASSERKREISLAUF

★★★

Ein Wasserfall, bei dem das Wasser aufwärts fließt, bevor es in die Tiefe stürzt? Sehr mysteriös. Genau so ein Bild zeichnen wir jetzt. Der Trick besteht in einer perspektivischen Trickserei bei den senkrechten Verstrebungen des Gerüsts.

1. Zeichne zuerst die rechte Seite mit der Stangenkonstruktion und einem Teil des Wasserbetts. Du kannst zum Zeichnen gern ein Lineal verwenden.

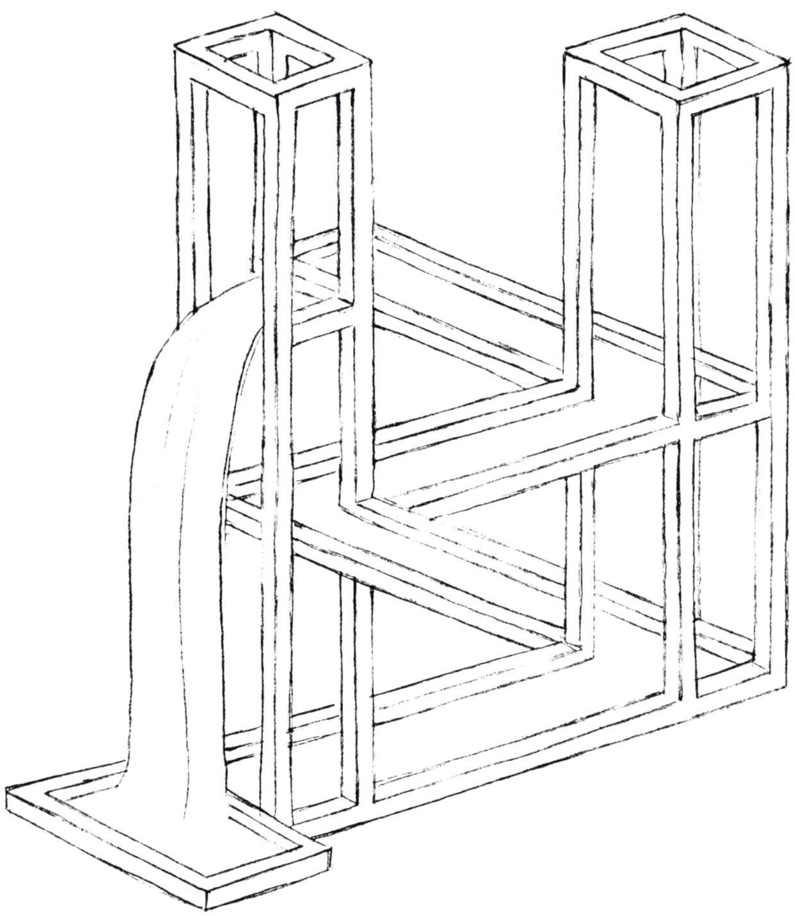

2. Gut gemacht! Jetzt ist die linke Seite an der Reihe. Zeichne das zweite Stangengerüst, das Wasserbett, den Wasserfall und das Auffangbecken unten.

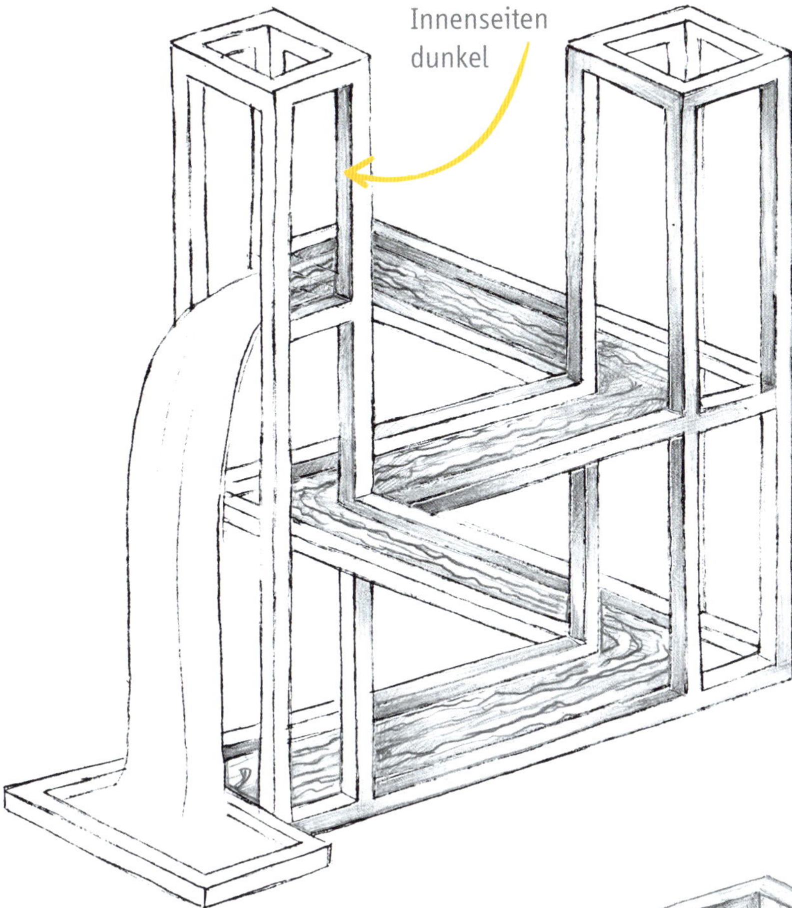

3 Super, das meiste hast du jetzt schon geschafft. Bearbeite das Wasser mit kleinen Wellen, damit es aussieht, als fließe es. Schraffiere die vom Betrachter aus linken Seiten der Stangen des Gerüsts dunkler.

4 Arbeite deine Zeichnung weiter aus, indem du den Wasserfall mit langen, leicht gebogenen Linien schraffierst und auch das Auffangbecken gestaltest. Zeichne am Ende einen leichten Schatten unter die Konstruktion.

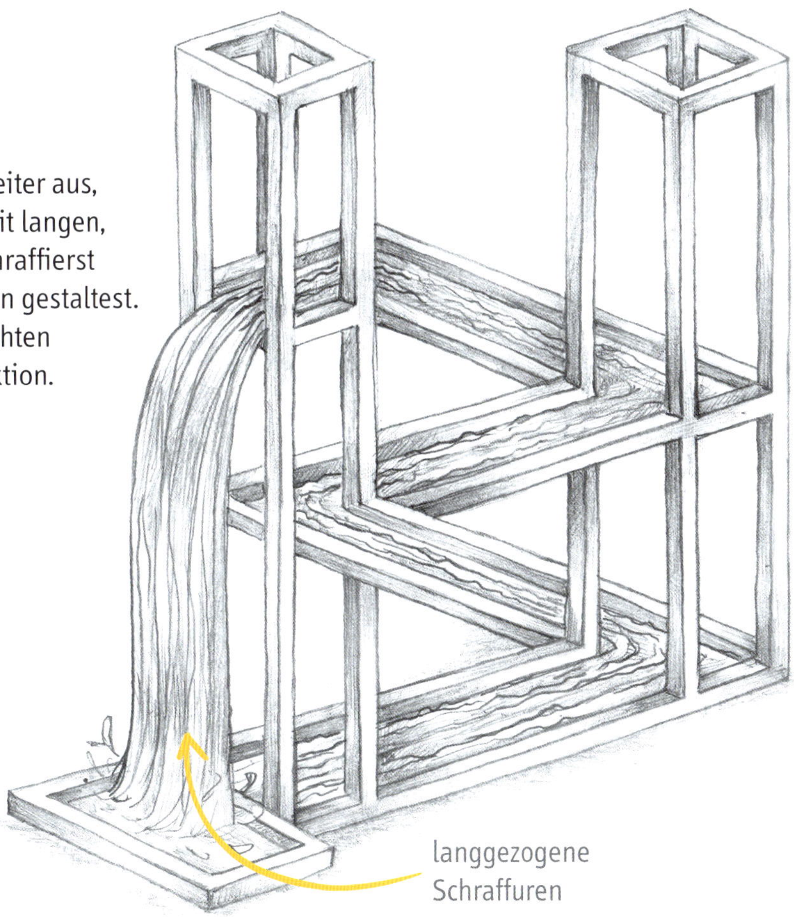

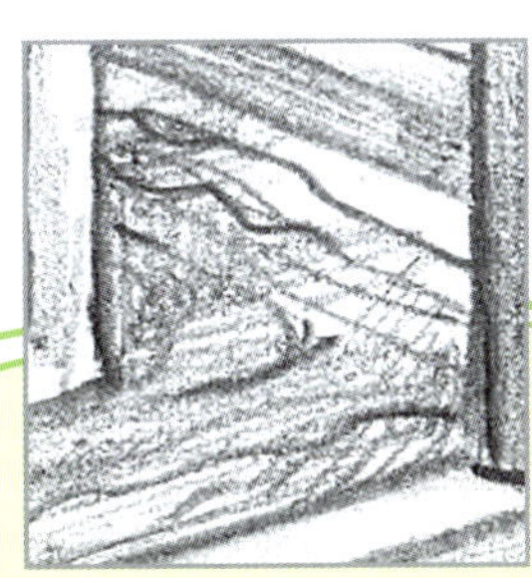

DETAILANSICHT
Das Detail zeigt die feinen, wellenförmigen Linien, wo das Wasser um die Ecke fließt.

TORBOGEN

★★☆

Dieses Motiv könnte auch „Historischer Torbogen" heißen, denn ich finde, das Gemäuer sieht aus wie aus einer alten römischen oder griechischen Siedlung. Aber haben die alten Baumeister wirklich solche verwirrenden Torbogen gebaut? Natürlich nicht – der Eindruck entsteht durch eine falsche Perspektive in der Zeichnung.

1

Bist du bereit? Dann starte damit, die Konturen des gesamten Torbogens zu zeichnen. Für die geraden Linien und Winkel kannst du gern ein Lineal verwenden. Zeichne den runden Torbogen freihand.

Querverstrebungen auf einer Höhe

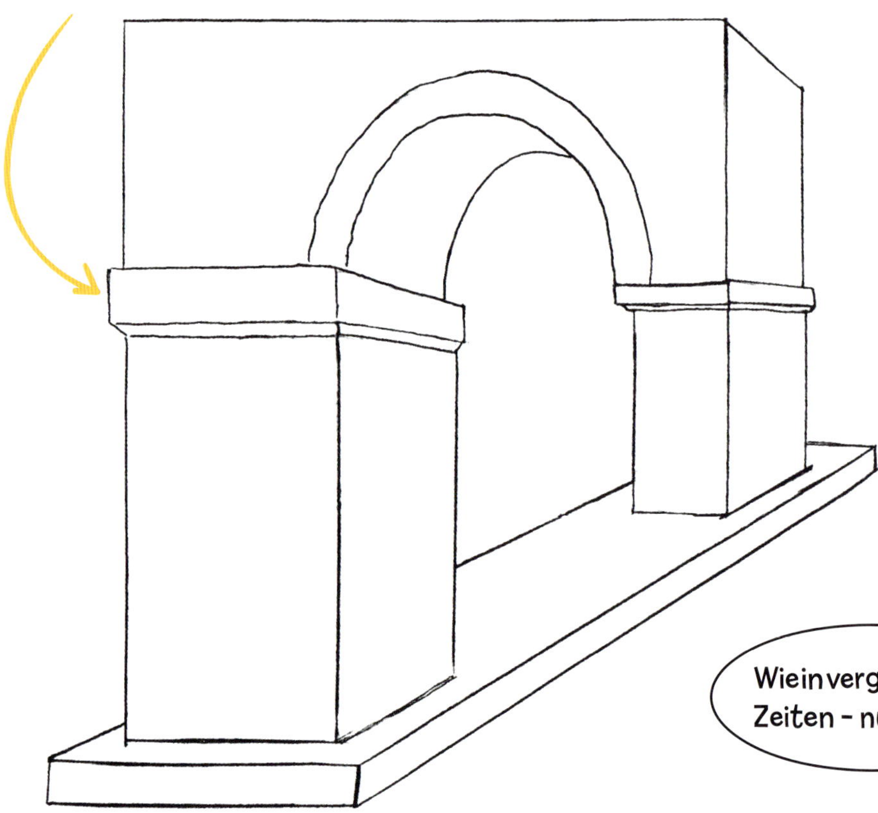

2

Im nächsten Schritt folgt die Bodenplatte. Sie ist sehr wichtig, denn sie verstärkt die räumliche Illusion.

Das ist schon super!

3

Jetzt geht es ans Schraffieren. Bearbeite das Gemäuer an der Vorderseite des Bogens und die Innenseite des Bogens mit feinen Schraffuren. Gestalte sie im Inneren des Bogens dunkler.

4

Bearbeite nun auch die Seitenflächen und die Bodenplatte mit Schraffuren. Achte darauf, dass das Gemäuer auch perspektivisch nach hinten verläuft, indem du Schatten unterhalb der Pfeiler anlegst.

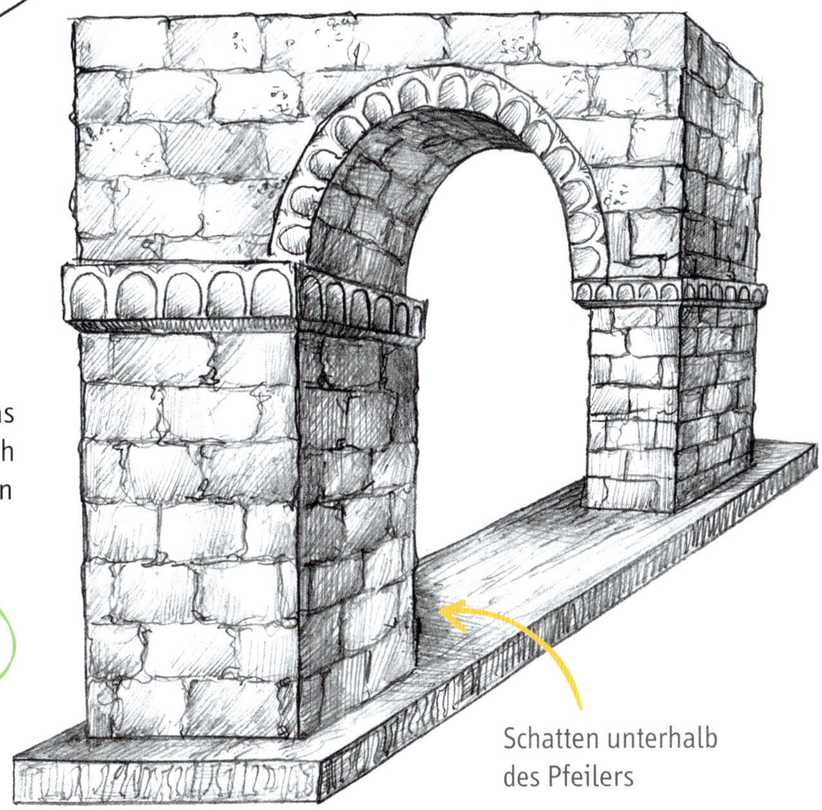

Für kleine Profis

IN WIRKLICHKEIT

Hier siehst du den Torbogen, nachdem der rechten Pfeiler auf eine Höhe mit dem linken gebracht wurde. Der Pfeiler ist schmaler, doch sonst ist es jetzt ein normales Tor.

DREI ODER VIER?

★☆☆

Vor dir liegen vier Stäbe - oder sind es doch nur drei? Der Trick besteht in einem Wechselspiel aus Seitenflächen und oberen Flächen bei den mittleren Stäbchen. Also: Was Seitenfläche ist, wird im Verlauf nach rechts zu einer oberen Fläche und umgekehrt.

1

Zeichne zuerst das obere Stäbchen in der isometrischen Ansicht, das heißt, alle Linien verlaufen parallel. Zeichne das zweite Stäbchen direkt daran anschließend. Lasse dabei aber die rechte, kleine Kante offen. Versetze den Abschluss um einen Schritt nach rechts.

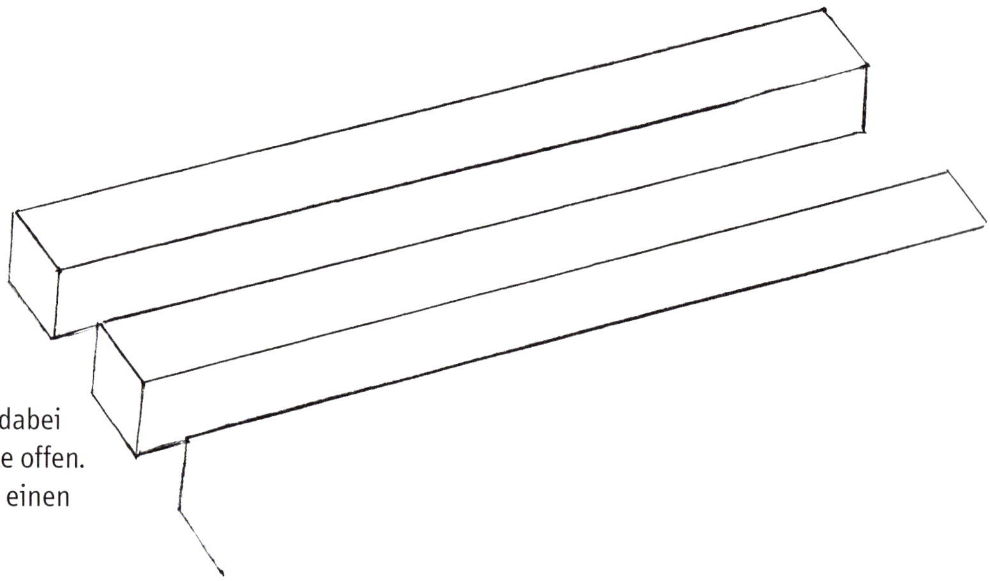

2

Zeichne auf diese Art und Weise alle Stäbchen. Am Schluss sollten auf der rechten Seite zwei Lücken sein, die eigentlich geschlossen sein müssten.

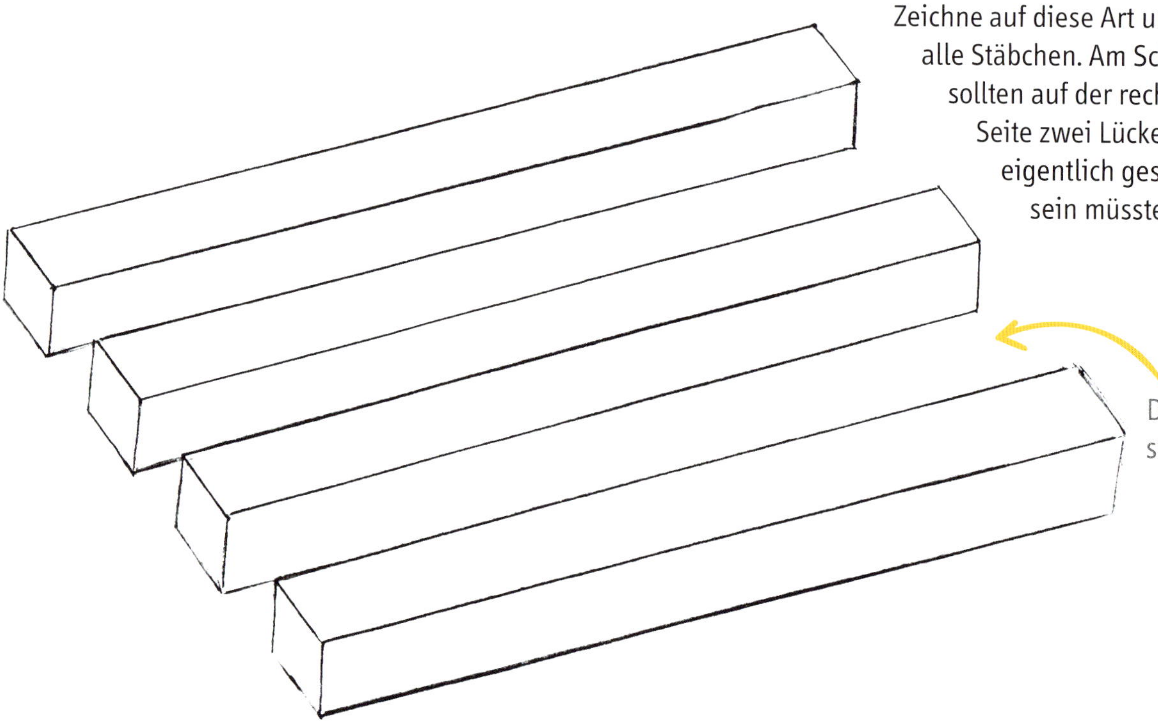

Durchbrüche statt Kanten

3

Beginne mit dem Schraffieren auf der linken Seite. Gestalte die vorderen, kleinen Abschlüsse dunkel, die anderen Flächen etwas heller. Interessant wird deine Zeichnung durch die ebenfalls etwas dunkleren Musterstreifen.

Das ist schonsuper!

DETAILANSICHT
Das Detail zeigt die feinen Schraffuren an den verschiedenen Flächen. Du kannst hier auch gut erkennen, wie die Musterstreifen zueinander angeordnet sind.

4

Schraffiere die rechte Seite genauso wie die linke. Natürlich sind es hier nur drei Enden und nicht vier. Fertig ist dein verflixtes Stäbchen-Bild!

Für kleine Profis

GASSIGEHEN

★★☆

Erinnerst du dich an das verdrehte Dreieck vom Anfang des Kapitels? Auch hier haben wir es wieder mit einem Dreieck zu tun, aber mit dem Hund, dem Mann und dem Baum kommt ein neuer Aspekt hinzu, der das Ganze noch verwirrender macht. Denn einerseits führt der Spazierweg zum höchsten Punkt des Dreiecks, andererseits führt er auch zum tiefsten Punkt – und das, obwohl keine Stufen dazwischen sind.

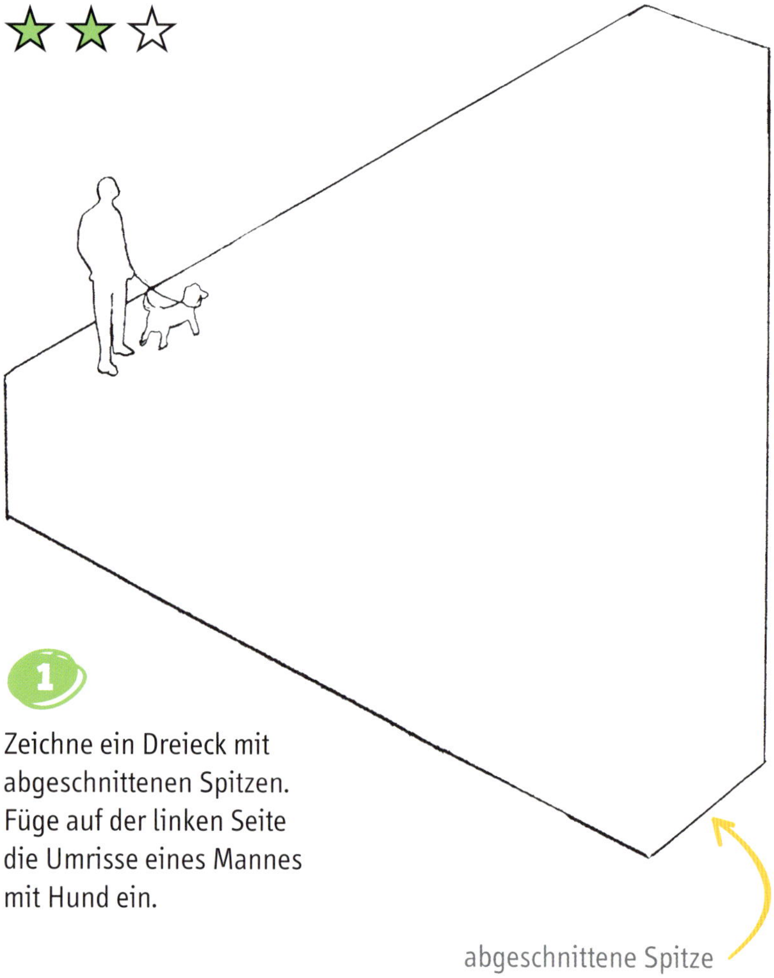

1

Zeichne ein Dreieck mit abgeschnittenen Spitzen. Füge auf der linken Seite die Umrisse eines Mannes mit Hund ein.

abgeschnittene Spitze

2

Zeichne nun parallel zu den Außenkanten des Dreieckes je eine weitere Linie ein. Ziehe sie ruhig jeweils bis in die Ecken. Entferne dann mit deinem Radierer die Überschneidungen der Linien.

Da bekomme ich gleich Lust, auch spazieren zu gehen.

3

Bereit für die Feinarbeit? Schraffiere die Seitenflächen mit Verläufen von hell nach dunkel. Orientiere dich dabei an der Vorlage.

Das ist schonsuper!

DETAILANSICHT
Hier siehst du die vielen feinen, parallelen Schraffuren für die Schattenrisse. Außerdem werfen Baum und Hund einen Schatten auf den Boden.

Schattenriss der Figuren

4

Fülle die Umrisse von Mann und Hund mit dunklen, parallel verlaufenden Bleistiftstrichen. Zeichne auch noch den Baum hinzu. Kleine Schatten an den Figuren runden dein Bild ab.

Für kleine Profis

HOLZKASTEN

★★☆

Dieser unmögliche Kasten gehört sicher zu den beeindruckendsten optischen Täuschungen im Buch. Dabei ist der Trick ganz einfach: Du zeichnest diejenigen Holzleisten des Kastens, die eigentlich hinten liegen müssten, an den Punkten, wo sie sich mit anderen Leisten überschneiden, einfach durch. Damit holst du sie in den Vordergrund.

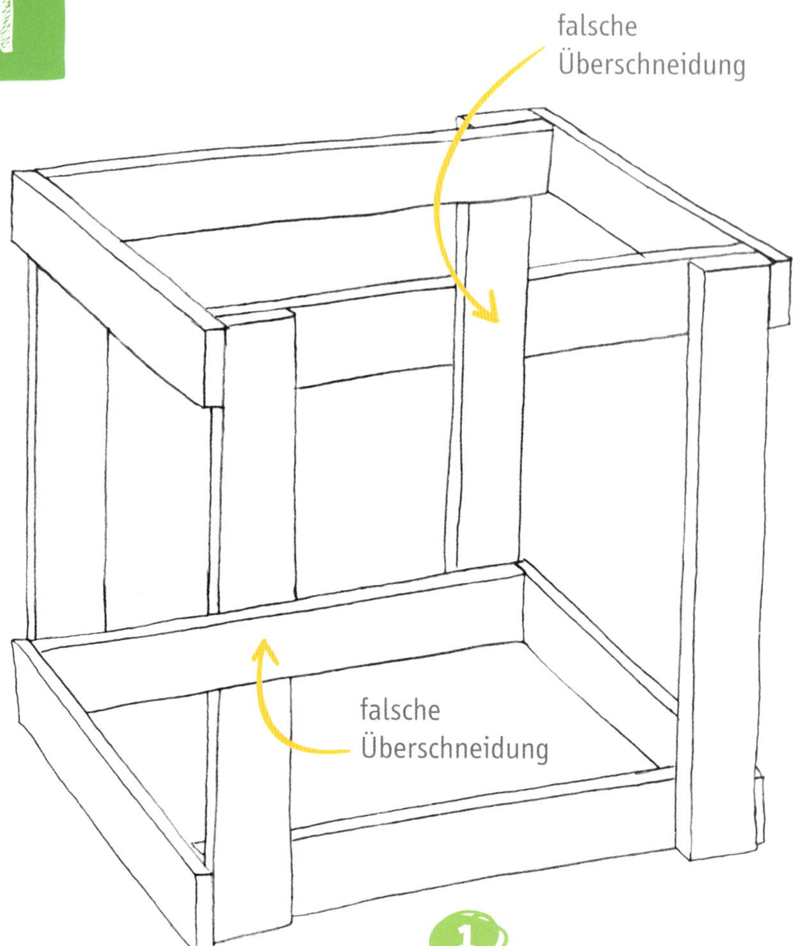

1

Bereit? Dann konstruiere zunächst den gesamten Kasten, indem du die Umrisse der einzelnen Leisten zeichnest. Achte darauf, die jeweils hinten liegenden Leisten nach vorne zu holen.

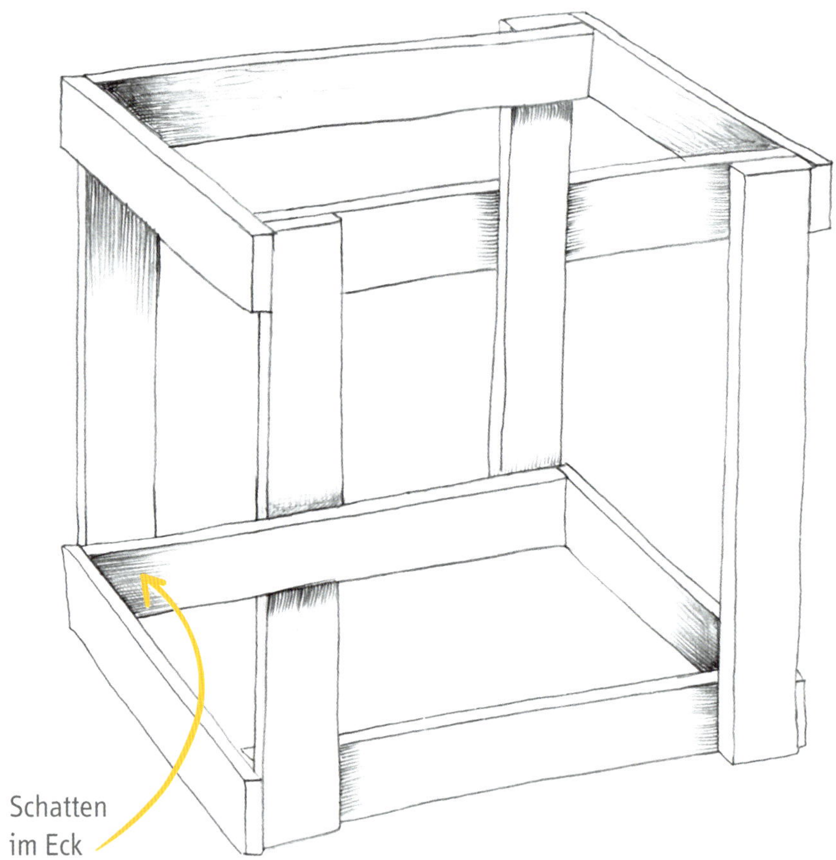

2

Die Hauptarbeit hast du schon geschafft! Schraffiere nun die ganzen Schattenbereiche in den Ecken dunkel.

Das ist schon super!

3

Bearbeite dann eine Leiste nach der anderen mit einer Struktur, die aussieht wie Holz.

Holzstruktur

4

Mache mit deiner Schraffurarbeit weiter, bis du alle Leisten mit einer Holzstruktur fertiggestellt hast.

Für kleine Profis

IN WIRKLICHKEIT
Das ist der Holzkasten, wenn du die hinteren Leisten nicht in den Vordergrund zeichnest. So könnte man ihn nachbauen.

STETIG BERGAUF

☆☆☆

Ähnlich verblüffend wie der falsch konstruierte Holzkasten auf der vorigen Seite ist diese Treppe. Wenn du ihren Weg auf den Stufen verfolgst, wirst du sehen, dass sie immer bergauf führt. Oder bergab, wenn du in die entgegengesetzte Richtung läufst. Wie ist das möglich? Der Trick besteht in der Form der Treppe, bei der du die letzten drei Stufen rechts wieder an die erste lange Seite vorne links anschließt.

1. Zeichne zuerst die einzelnen Treppenstufen. Orientiere dich an der Vorlage und zeichne zwei langen Stufenreihen links und zwei kurzen Stufenreihen rechts.

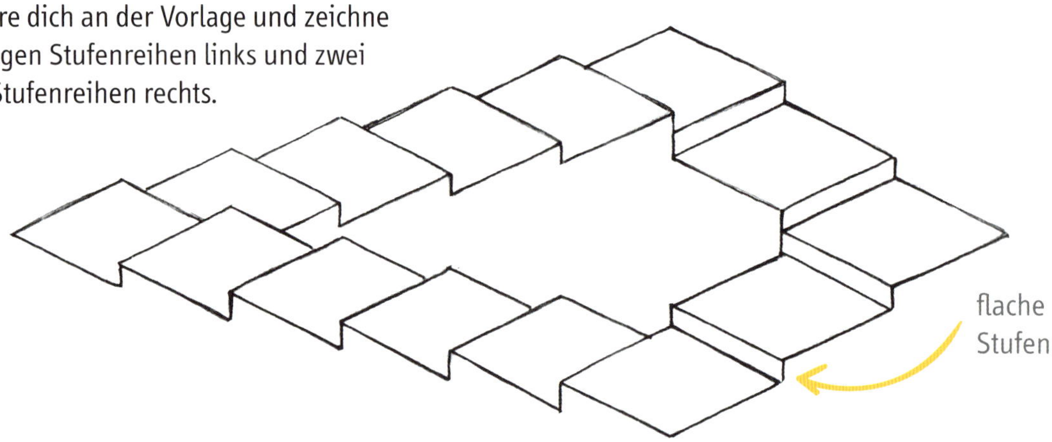

2. Füge dann zu jeder Stufe die senkrechten Linien hinzu und zeichne die beiden vorderen, unteren Kanten. Damit hast du die Konstruktion deiner Treppe bereits geschafft.

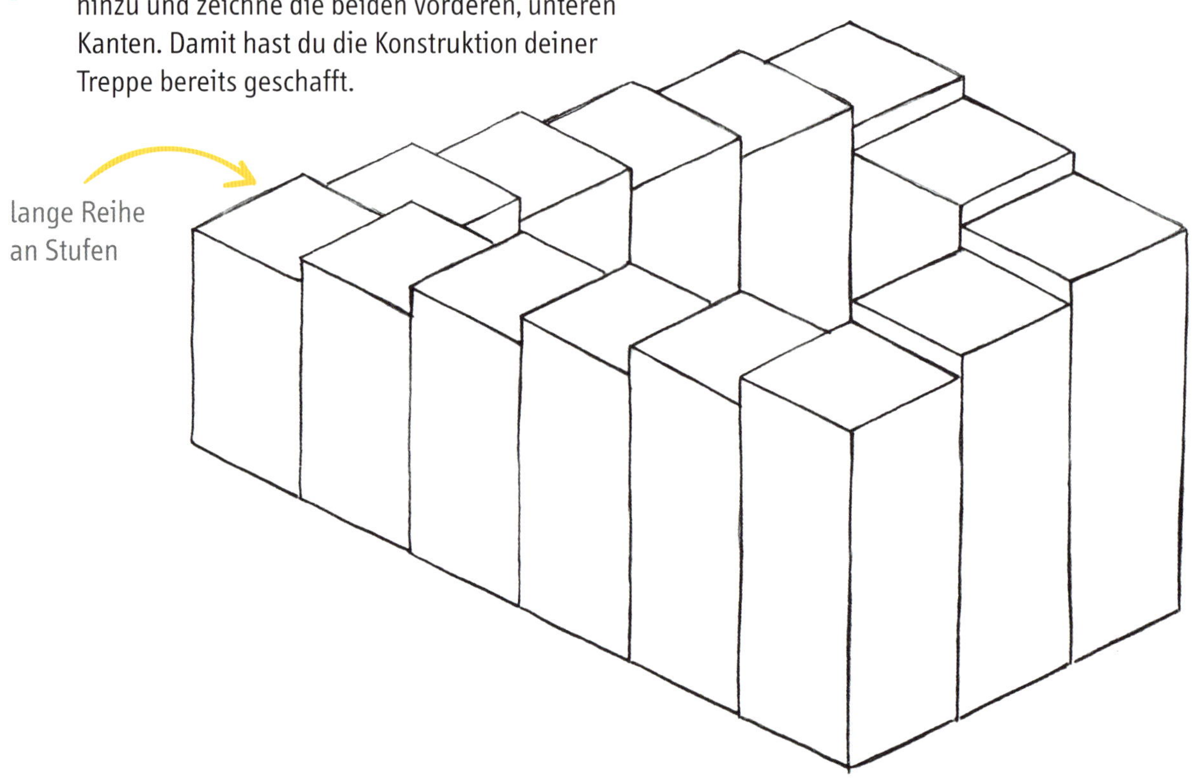

3

Schraffiere nun die vorderen Flächen. Achte darauf, die linke Seite etwas dunkler als die rechte zu gestalten.

Das ist schon super!

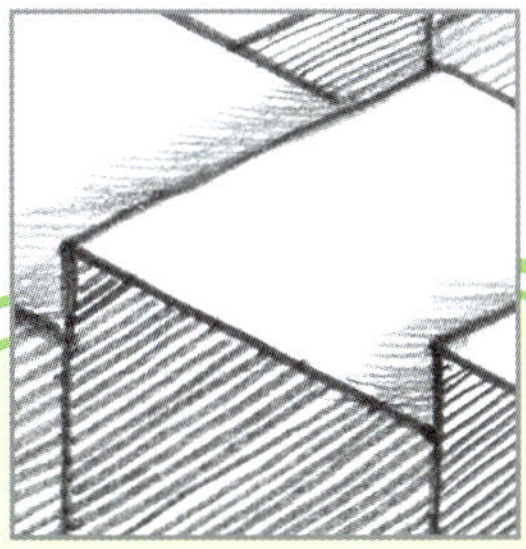

DETAILANSICHT
Das Detail zeigt die etwas breiteren Parallelschraffuren an den Seitenflächen der Treppe und die feineren Schraffuren an den Stufen.

Für kleine Profis

4

Damit die Treppe schön plastisch wirkt, gestaltest du jetzt auch noch den Innenbereich der gesamten Stufen. Vergiss nicht, am Schluss noch an jeder einzelnen Stufe feine Schraffuren einzuzeichnen.

ZWEI TÜRME

★★★

Was für seltsame Türme sind das denn? Vom kleineren Turm links zweigt ein Weg nach rechts hinten und einer nach rechts vorne ab. Es sind keine Stufen zu sehen, dennoch enden die beiden Wege auf sehr unterschiedlichen Ebenen an einem zweiten, größeren Turm.

1 Zeichne zuerst den Weg und die Pfeiler des kleinen und großen Turms. Füge anschließend noch die kleine Treppe und den Balkon hinzu.

kleine Treppe

2 Deine Türme brauchen Dächer. Auf dem Weg liegen außerdem große Trittsteine, zeichne sie jetzt ebenfalls ein.

3 Widme dich nun der Gestaltung der Dachziegel und des Mauerwerks an den Türmen und an den Seitenflächen des Wegs.

Das ist schon super!

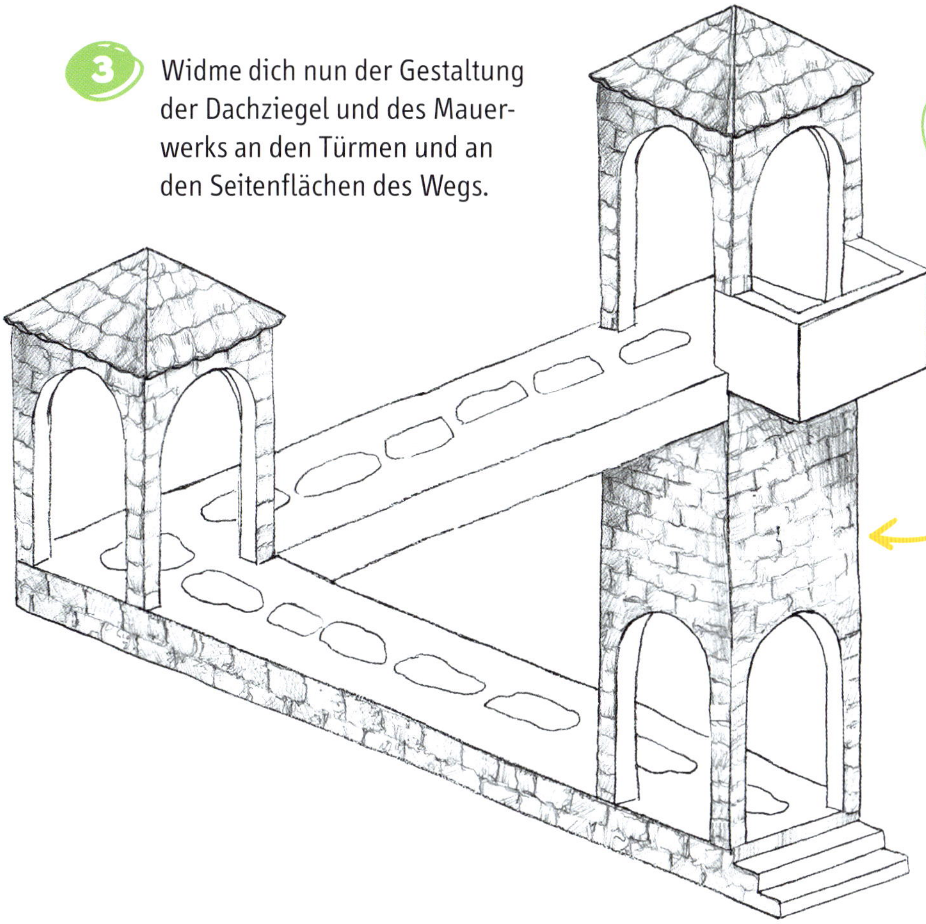

Gemäuer des Turms

Für kleine Profis

4 Schraffiere noch das Mauerwerk mit feinen Linien und zeichne auch die Grasflächen um die Steine herum ein.

Graskante

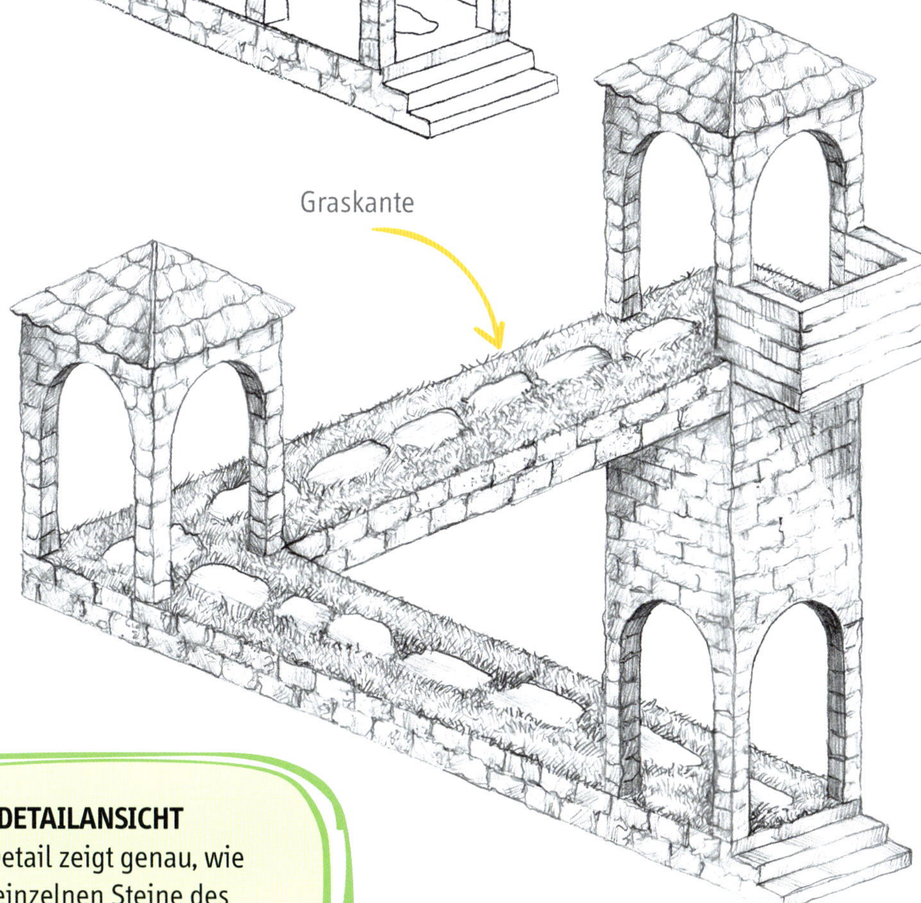

DETAILANSICHT

Das Detail zeigt genau, wie die einzelnen Steine des Gemäuers verlaufen. Dort, wo sie im Schatten liegen, wird die Fläche dunkel schraffiert.

STERN-WUNDER

Tatsächlich muss man hier schon genauer hinsehen. Auf den ersten Blick wirkt der Stern ganz stimmig, doch du erkennst bestimmt schnell, dass in der Mitte etwas nicht ganz so ist, wie es sein sollte.

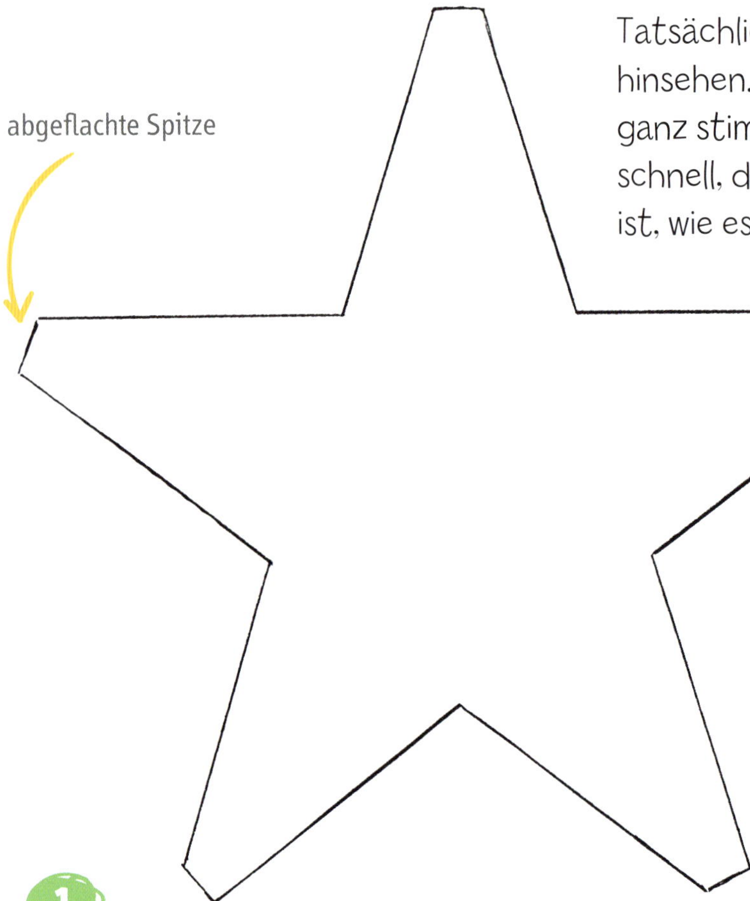

1

Zu Beginn zeichnest du einen fünfzackigen Stern mit abgeschnittenen Spitzen.

2

Füge nun parallel zu den Außenkanten des Sterns zwei weitere Linien ein. Ziehe sie ruhig jeweils bis in die Ecken. Entferne dann mit deinem Radierer die Überschneidungen der Linien.

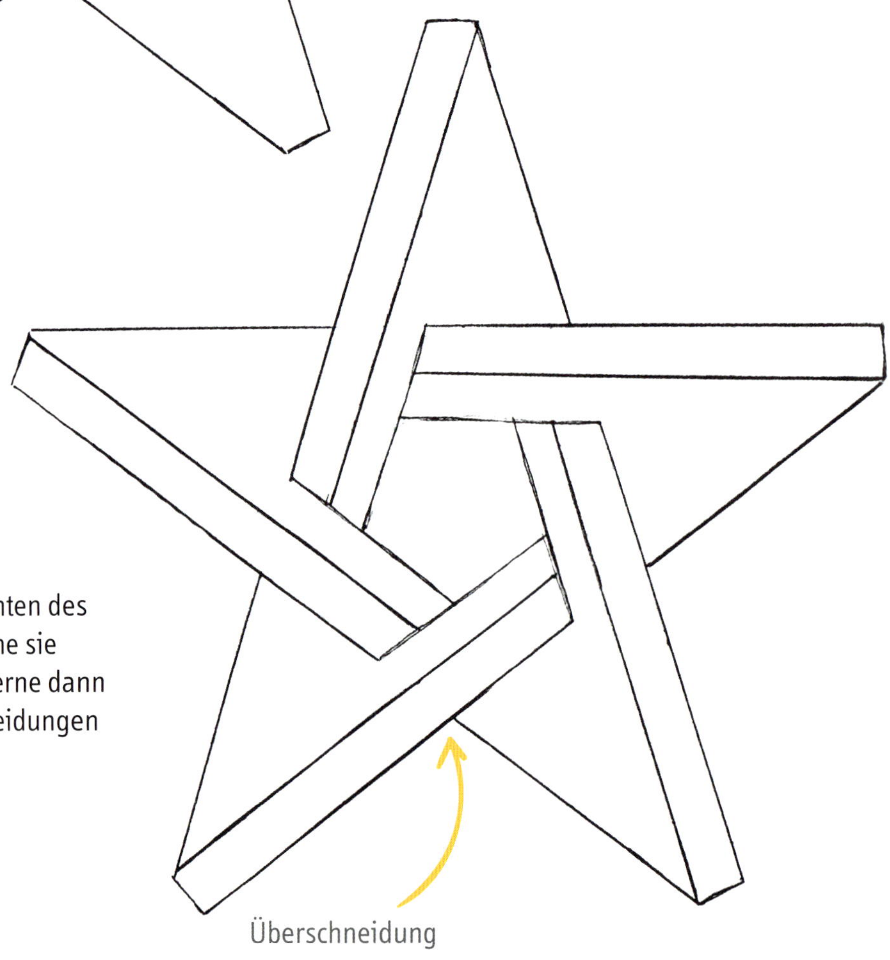

3

Schraffiere nun mit feinen Bleistiftstrichen die Flächen der Zacken und die Bereiche, wo sie sich überschneiden.

Das ist schon super!

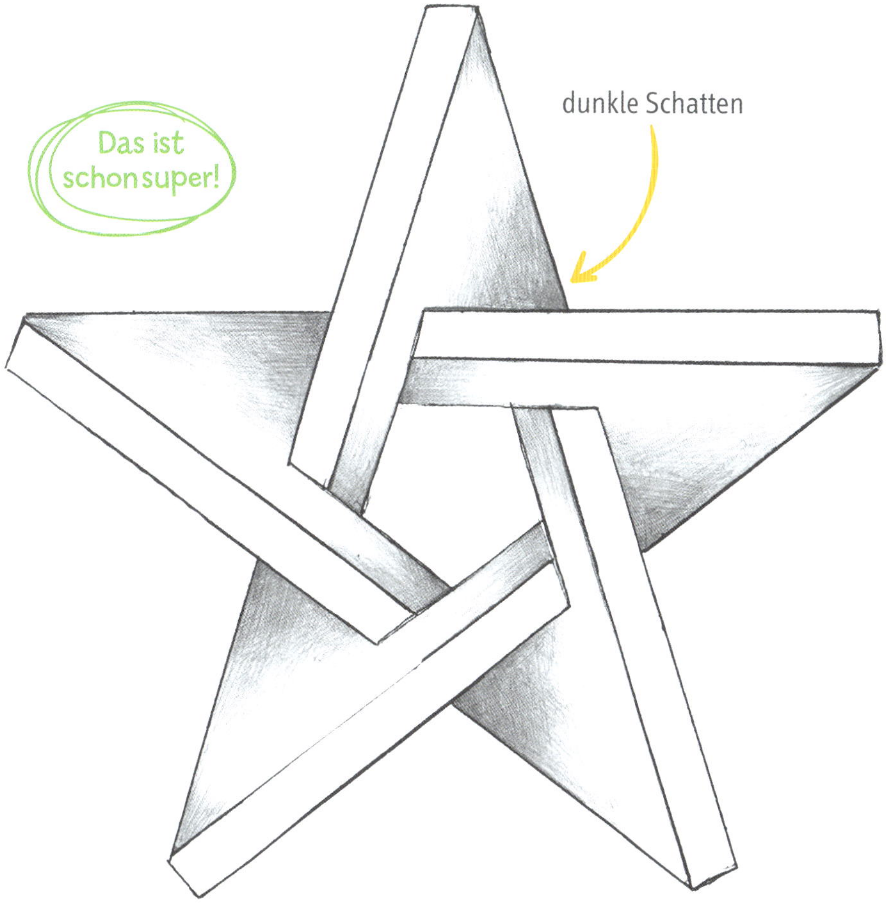

4

Arbeite die Seitenkanten aus. Erkennst du das Sechseck in der Mitte des Sterns? Zeichne dessen Mittelpunkt ein und ziehe von dort aus fünf feine Linien zu den Ecken des Sechsecks. Füge auch hier zarte Schattierungen ein.

Für kleine Profis

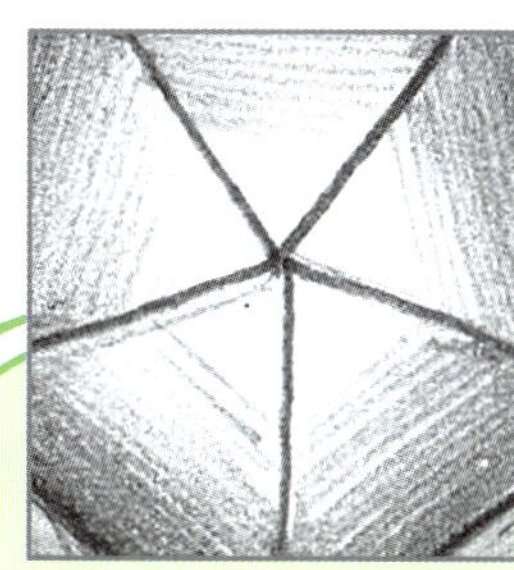

DETAILANSICHT
Das Detail zeigt, wie du die Mitte des Sterns mit Schraffuren gestalten kannst.

WÜRFEL IM DREIECK

☆☆☆

In diesem Kapitel gab es bereits magische Dreiecke zu entdecken. Dieses ist jedoch etwas schwieriger zu zeichnen und erfordert etwas mehr Geschick im Umgang mit dem Lineal oder Geodreieck. Du wirst bestimmt schon erkannt haben, dass das Dreieck aus lauter einzelnen Würfeln aufgebaut ist, von denen du jeden einzelnen perspektivisch richtig anlegen musst. Aber keine Angst, das bekommst du hin! Die echten Profis können es einmal freihand versuchen.

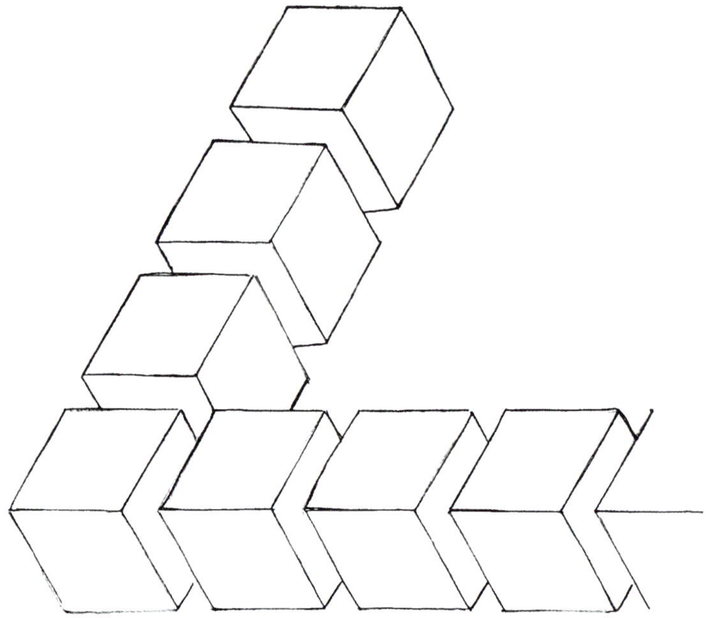

1. Beginne damit, den linken untersten Würfel zu zeichnen. Zeichne dann Schritt für Schritt einen Würfel nach dem anderen. Achte dabei genau auf den Winkel, in dem die beiden Würfelreihen angeordnet sind.

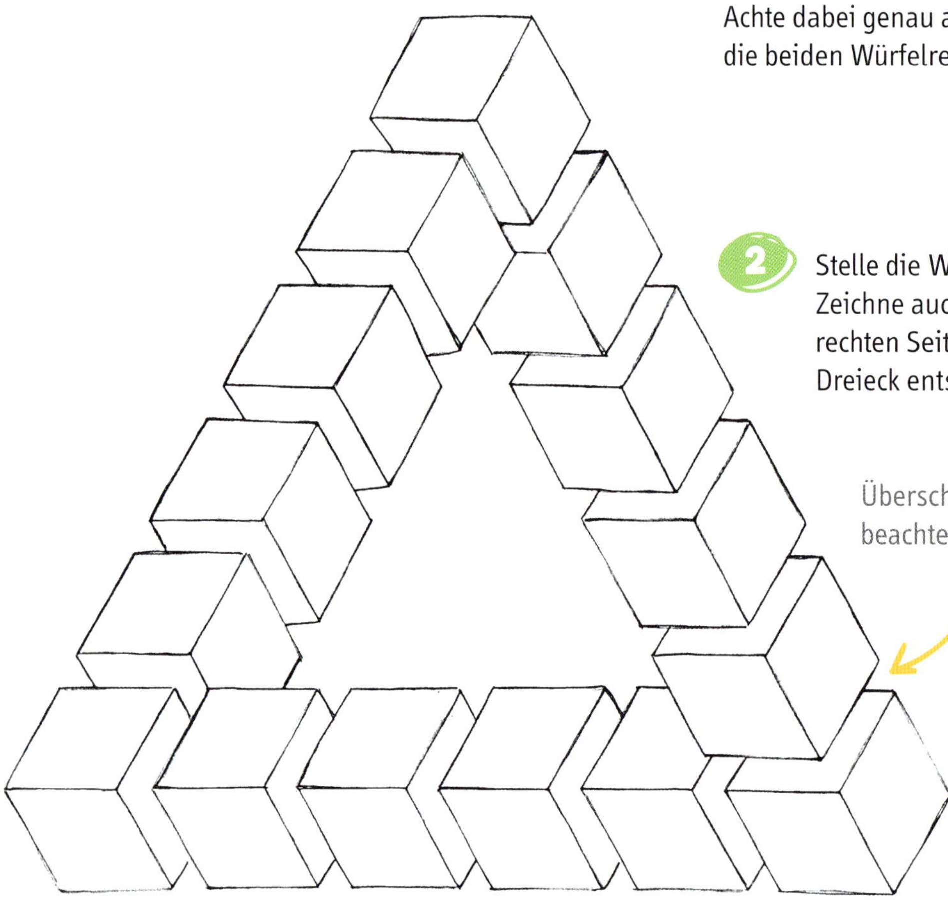

2. Stelle die Würfelreihen fertig. Zeichne auch die Würfel auf der rechten Seite, bis ein komplettes Dreieck entstanden ist.

Überschneidungen beachten

3 Schraffiere nun alle Würfelflächen, die nach oben ausgerichtet sind, dunkel.

Das ist schon super!

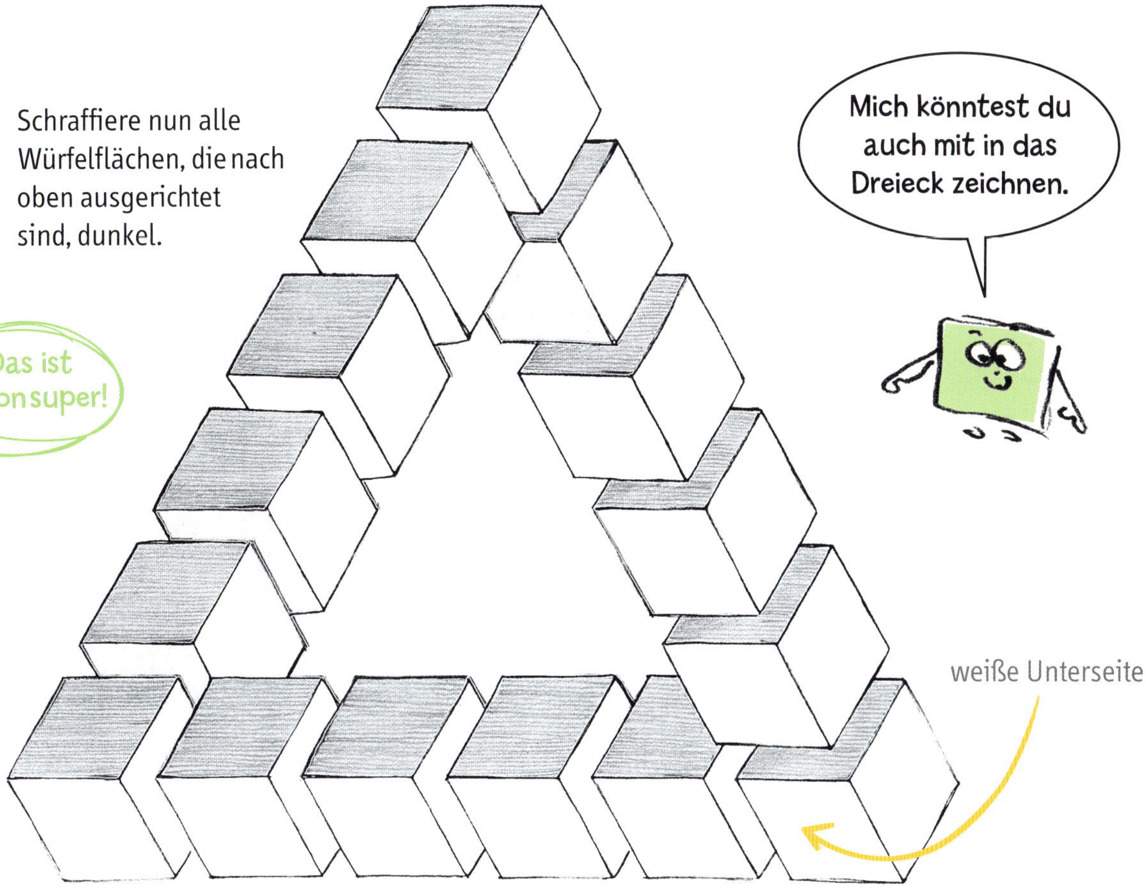

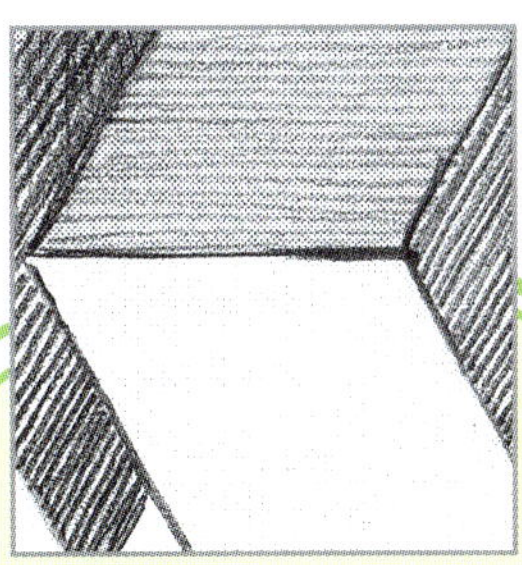

DETAILANSICHT
Im Detail siehst du genau, wie die unterschiedlichen Flächen der Würfel schraffiert werden.

4 Für kleine Profis

Damit die Würfel deines Dreiecks noch plastischer erscheinen, schraffierst du am Schluss alle zur rechten Seite hin ausgerichteten Flächen noch dunkler.

WENDE- UND TRUGBILDER

Nach dem ersten Kapitel, in dem perspektivisch verfälschte Szenen eine große Rolle gespielt haben, geht es nun um Illusionen, die nur aus dem Motiv heraus entstehen und für die keine oder kaum perspektivische Kenntnisse erforderlich sind. Kannst du dir vorstellen, in einem einzigen Bild zwei Gesichter zu erkennen? Oder ist es denkbar, dass ein Tier gar nicht das Tier ist, für das man es hält, sondern ein ganz anderes? Blätter weiter und lass dich überraschen, was alles auf dich wartet. Am besten zeichnest du gleich mit!

HAND DRAUF

★★☆

Formlinien folgen beim Schraffieren der Form eines Körpers und modellieren sozusagen die Oberfläche nach. Das lässt die Oberfläche plastisch erscheinen. Diesem Prinzip folgt die Zeichnung auf dieser Doppelseite, bei der sich eine Hand dreidimensional vom Papier abhebt. Der Trick dabei: Parallele Linien wölben sich der Form der Hand entsprechend.

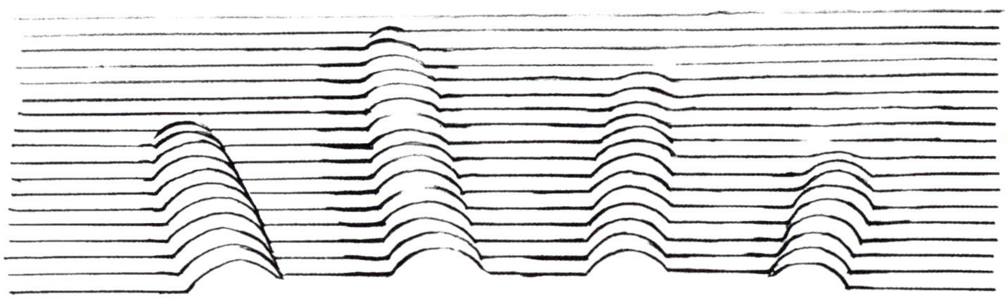

parallele Linien

1. Zeichne die ersten waagrechten, engen parallelen Linien. Immer dann, wenn ein Finger kommt, wölben sich die Linien etwas nach oben. Wer bei der Form sichergehen möchte, kann vorher den groben Umriss einer Hand ganz dünn skizzieren.

härtere Kante rechts

2. Weiter so! Fahre mit deiner Arbeit von Schritt 1 fort und lasse die Hand nach und nach wachsen.

3 An der Stelle, wo die Finger in den Handrücken übergehen, solltest du etwas vorsichtiger sein, um den Verlauf der Wölbungen genau zu treffen.

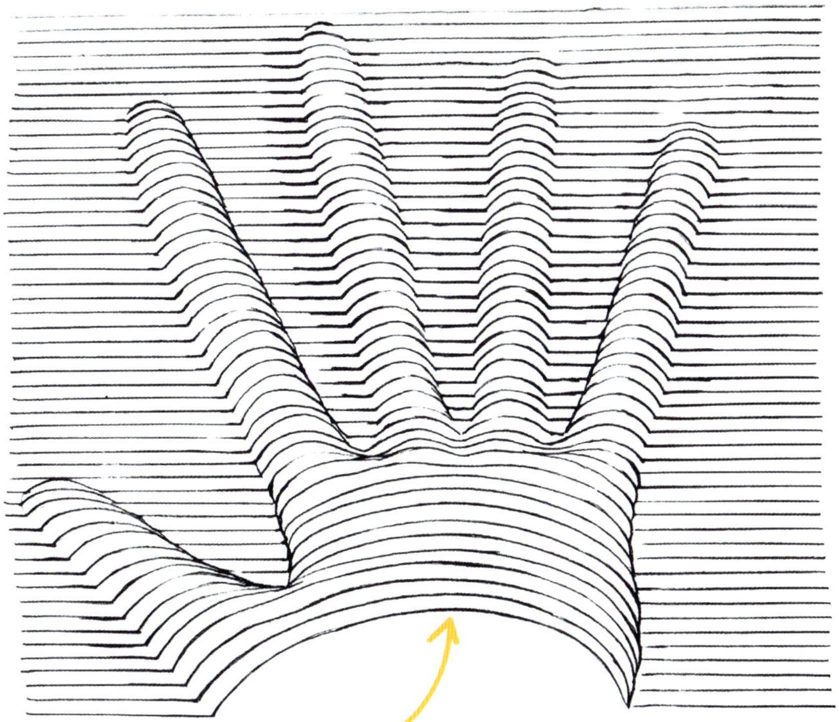

Wölbung nach oben

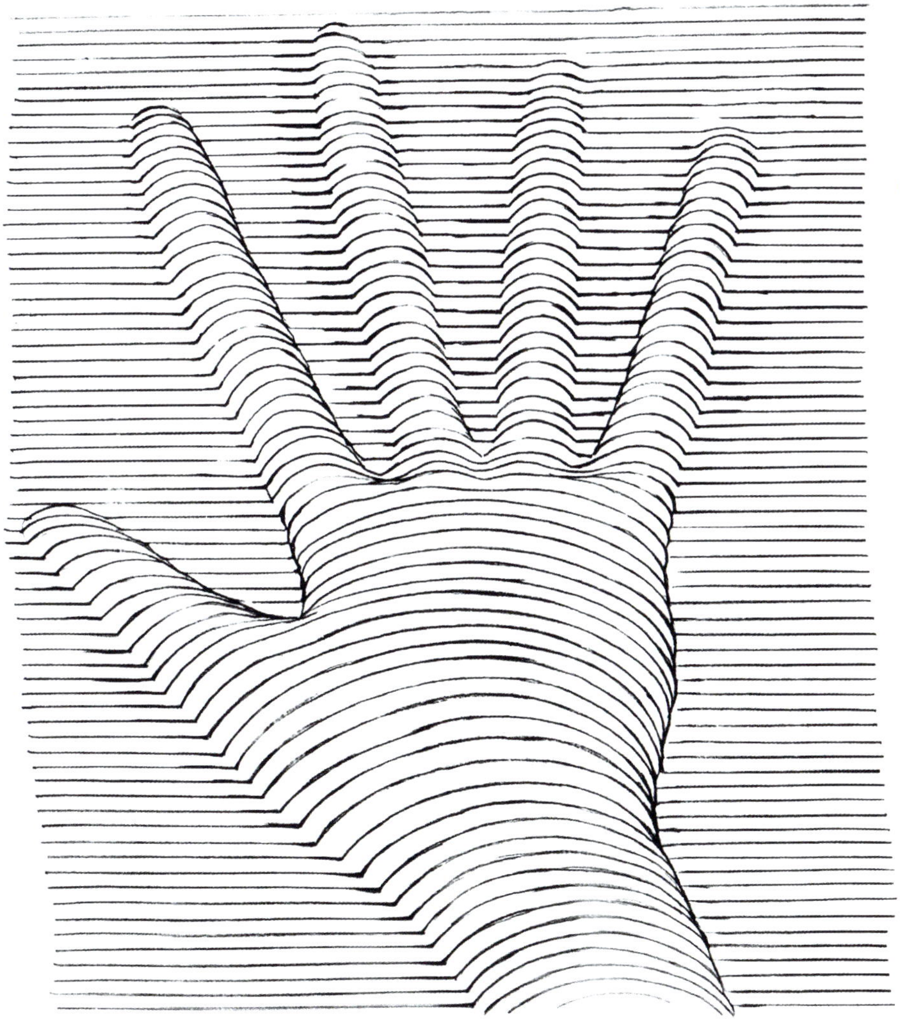

4 Gestalte auf diese Art und Weise die ganze Hand und auch noch ein Stück des Arms.

DETAILANSICHT
Das Detail zeigt den Übergang von parallelen Linien zur Wölbung des Handrückens.

DREI HUNDE?

★☆☆

Auch wenn es auf den ersten Blick nicht so aussieht – diesem Motiv liegt dasselbe Prinzip zu Grunde wie den Stäbchen auf der Seite 44 aus dem vorigen Kapitel. Allerdings sind bei diesem Motiv an den Enden keine Flächen zu sehen, sondern die Köpfe und Hinterteile von Dackeln, die auf ganz sonderbare Weise gegeneinander verschoben sind.

1 Zeichne im ersten Schritt die drei Hundeköpfe mit den Vorderbeinen.

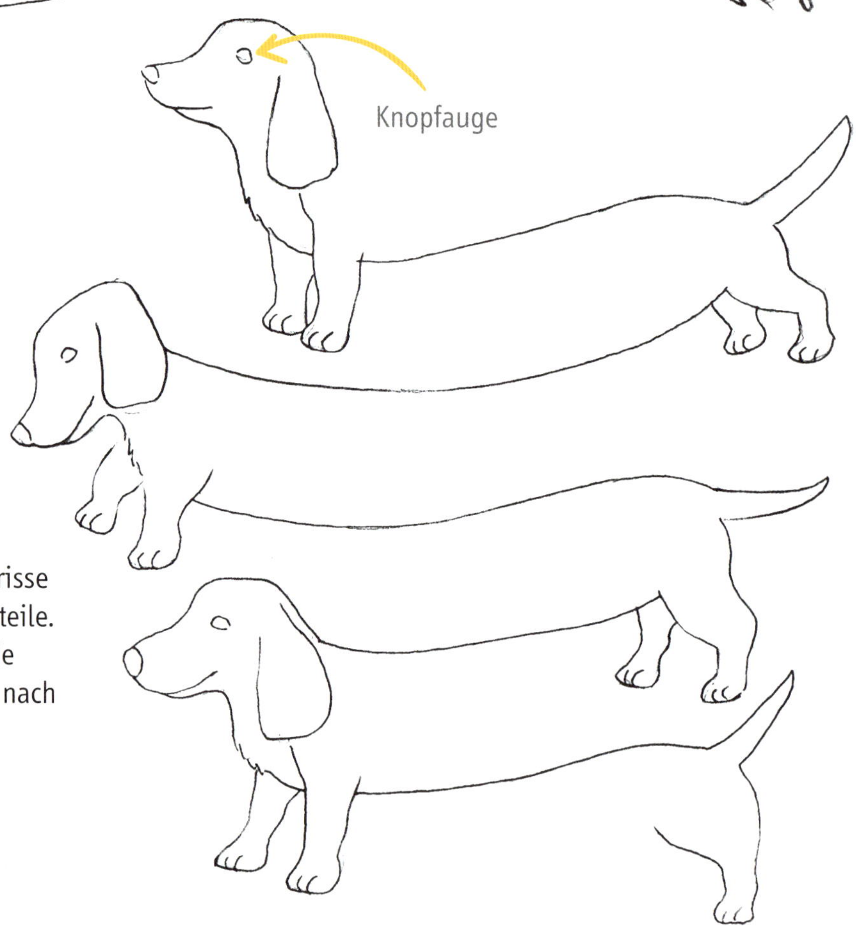

2 Ergänze jetzt die Umrisse der drei Hundehinterteile. Achte dabei darauf, sie immer um eine Stufe nach unten zu verrücken.

3 Schraffiere die Köpfe und die Vorderbeine. Arbeite dabei sorgfältig und genau eine schöne Fellstruktur aus.

Das ist schon super!

4 Gestalte zum Schluss auch den hinteren Teil der Hunde mit den Hinterbeinen und dem Schwanz. Arbeite mit denselben Schraffuren und Strukturen wie in Schritt 3.

Schwänze mit verschiedenen Richtungen

Für kleine Profis

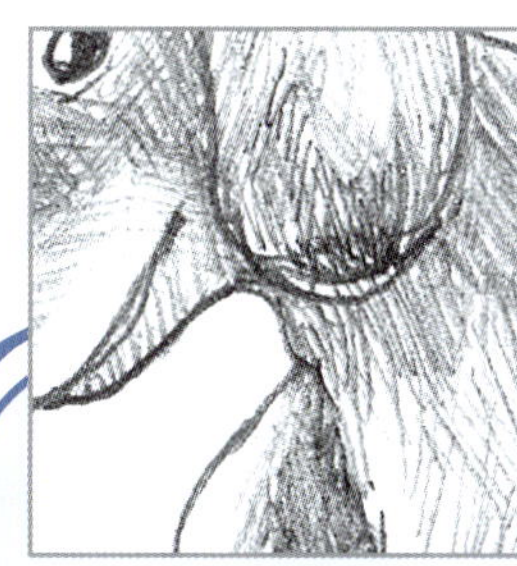

DETAILANSICHT
Im Detail siehst du, wie das Fell gestaltet ist. Setze das kleine Knopfauge im Kontrast zum Körper ganz dunkel ein.

SCHWANELEFANT

★★☆

Wendebilder sind eines der spannendsten Themen im Bereich der Optischen Täuschungen und Illusionen. Der Clou dabei ist: Du zeichnest zwei Bilder in einem. Noch genialer ist es, wenn die Motive so gegensätzlich sind wie ein Schwan und ein Elefant. Wie das geht, siehst du auf dieser Doppelseite.

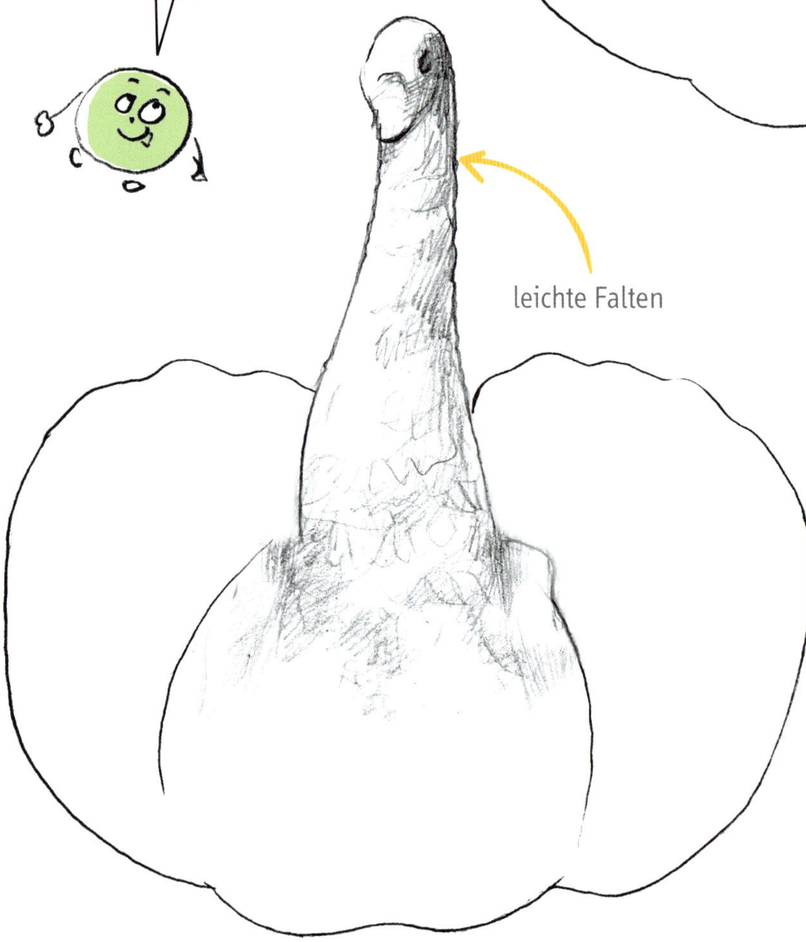

1

Zeichne im ersten Schritt die groben Umrisse des Motivs. Drehe dabei deine Zeichnung immer wieder um, um beide Motive im Blick zu behalten.

2

Schraffiere dann den Schwanenhals mit leichten Strichen so, dass Strukturen entstehen, die auch zum Rüssel eines Elefanten passen könnten.

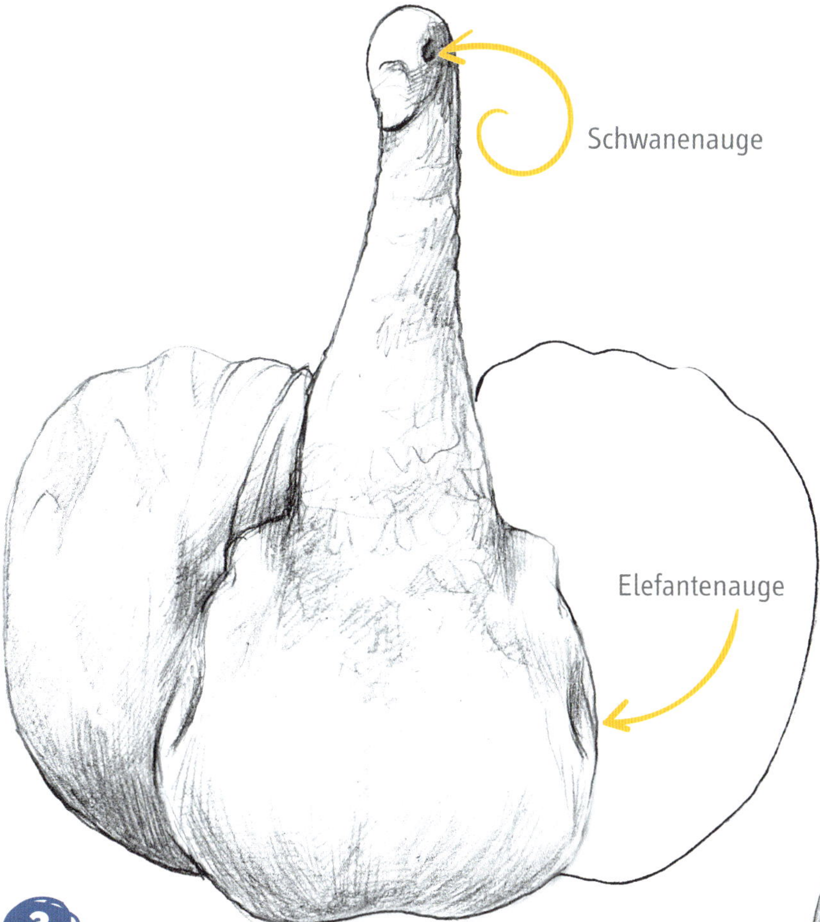

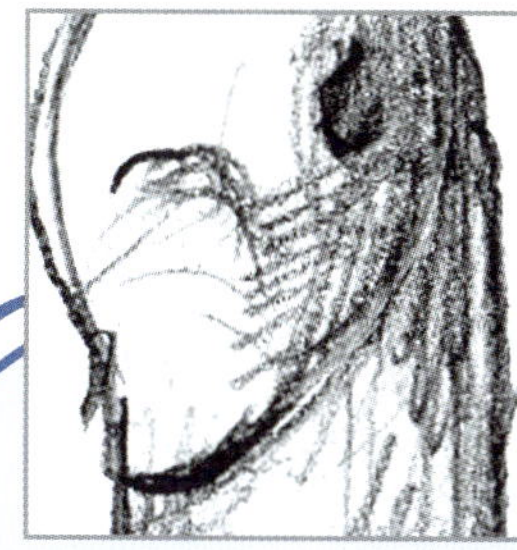

DETAILANSICHT
Das Detail zeigt den Schwanenkopf oder die Rüsselspitze. Zeichne nur wenig Details und überlasse es dem Betrachter, etwas zu erkennen.

3

Arbeite den Körper und den ersten Flügel mit weiteren Schraffuren aus. Achte darauf, dass es sich bei den entstehenden Strukturen sowohl um Federn als auch um Falten der Elefantenhaut handeln könnte.

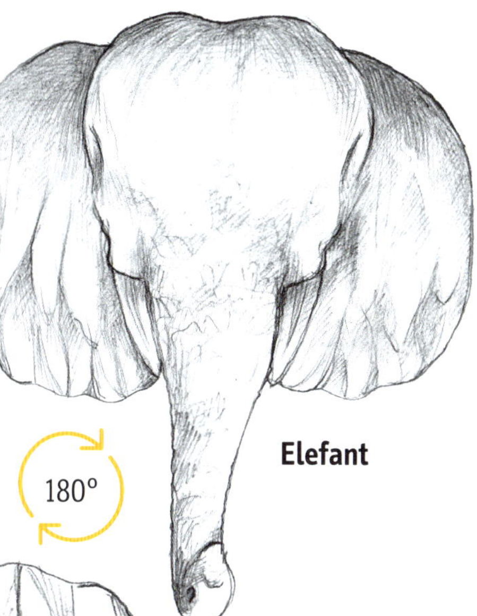

Elefant

4

Gestalte nun auch den zweiten Flügel auf die gleiche Weise wie in Schritt 3. Achtung: Die Stoßzähne des Elefanten enden auf einer Höhe mit den Ohren. Sie stören damit das Erscheinungsbild des Schwans nicht weiter.

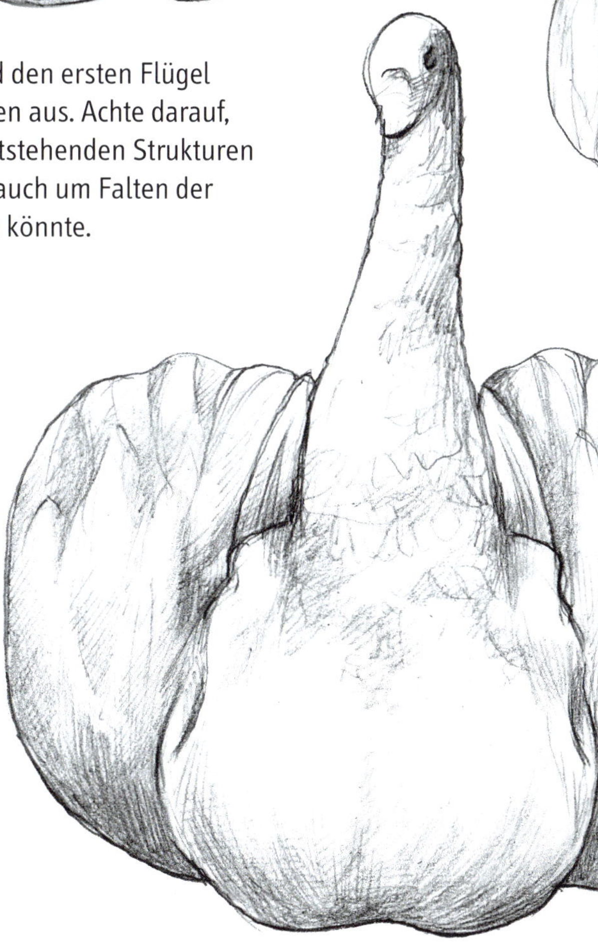

Schwan

TIERPARADE

★★☆

Wenn wir es ganz streng sehen, ist dieses Motiv nicht unbedingt eine optische Täuschung. Es ist eher eine geschickte, grafische Spielerei, denn in diesem Bild verstecken sich sage und schreibe insgesamt elf Tiere – vom Elefanten bis hin zu einem kleinen Fisch. Entdeckst du alle elf Tiere, die sich in der Zeichnung tummeln? Vielleicht schaffst du es, in deine eigene Zeichnung noch mehr Tiere einzuarbeiten.

1

Gestalte zuerst die Kontur des Elefanten mit dem Hai-Rüssel, den Krokodil-Stoßzähnen, dem Fisch-Auge, dem Schildkröten-Ohr und dem Schlangen-Schwanz.

Schwanzflosse

2

Zeichne anschließend zwischen die Beine des Elefanten den Esel, den Hund, die Katze, die Maus und rechts darüber die Spinne.

3

Schraffiere den vorderen und oberen Teil deiner Zeichnung und arbeite dabei die Details der einzelnen Tiere heraus.

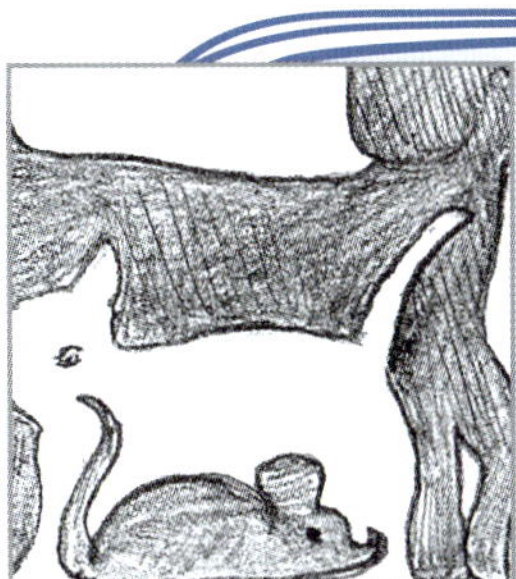

DETAILANSICHT
Hier siehst du Hund, Katze und Maus von nahem. Konzentriere dich auf die wenigen charakteristischen Merkmale der Tiere.

4

Gestalte anschließend auch die Tiere zwischen den Elefantenbeinen und die rechte Hälfte des Elefanten.

PRINZESSIN UND GOUVERNANTE

★★☆

Nach dem Schwanelefant kannst du dich nun an einem weiteren Wendebild versuchen, welches sich aber von der Art der Zeichnung deutlich vom ersten Motiv unterscheidet. Dieses Bild ist mehr im Comic-Stil angelegt und die Illusion kommt von den Konturlinien der beiden Personen.

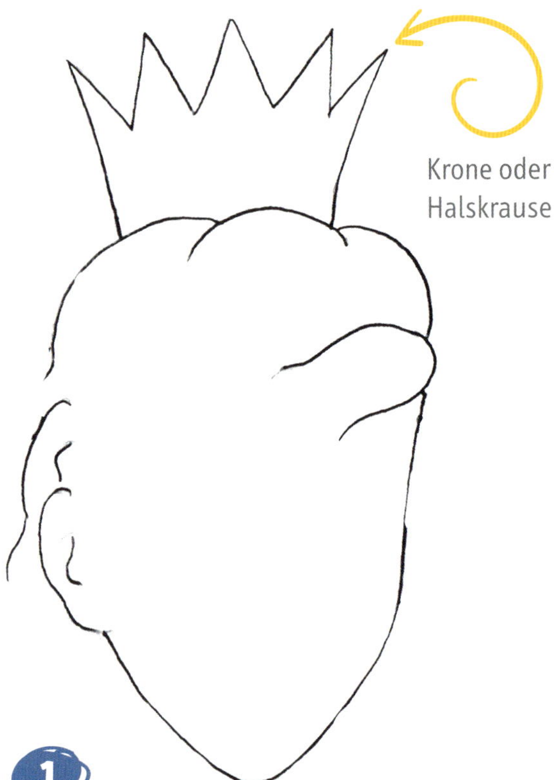

1

Zeichne die groben Umrisse des Kopfes und der Krone. Bei der Gouvernante wird die Krone zur Halskrause.

2

Ergänze dann mit einer Linie, die aus lauter kleinen Bogen besteht, die Kontur der Haube oder des Kragens.

3

Zeichne dann jeweils das Gesicht mit Augen, Nase und Mund ein. Drehe dabei deine Zeichnung immer wieder auf den Kopf, um zu prüfen, ob sie von beiden Seiten funktioniert.

Das ist schon super!

DETAILANSICHT
Das Detail zeigt die feinen Locken und die detaillierte Stoffstruktur.

4

Für kleine Profis

Arbeite das Motiv jetzt mit vielen feinen Schraffuren aus, sodass am Ende beide Köpfe gestalterisch gut aussehen.

Prinzessin

Gouvernante

BERGKETTE

★★★

Dieses Motiv gehört in die Reihe von Bildern mit modellierten Oberflächen. Vielleicht hast du schon die Hand von Seite 60 gezeichnet? Hier gehst du ähnlich vor. Das Bild, bei dem sich Berg und Tal abwechseln, sieht einfach aus, hat aber seine Tücken. Es ist nämlich gar nicht so einfach, die Linien von ganz links nach ganz rechts so durchzuziehen, dass die Erhebungen und die Vertiefungen gut zur Geltung kommen.

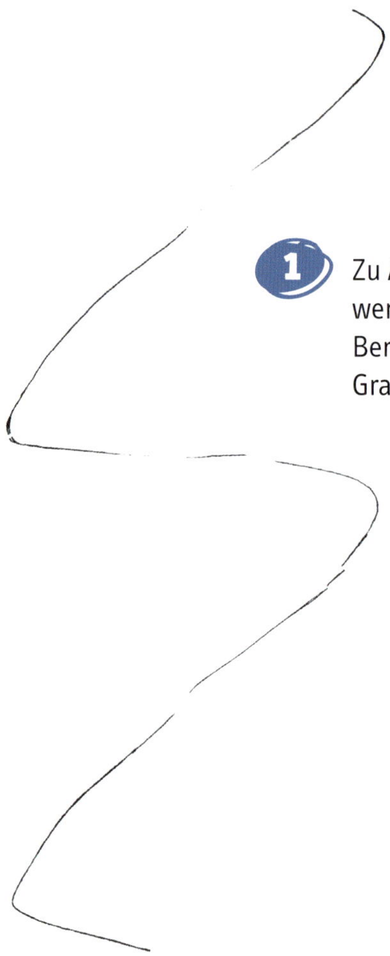

1. Zu Anfang ist es am besten, wenn du den groben Verlauf der Bergkette auf deinem Papier als Gratlinie vorskizzierst.

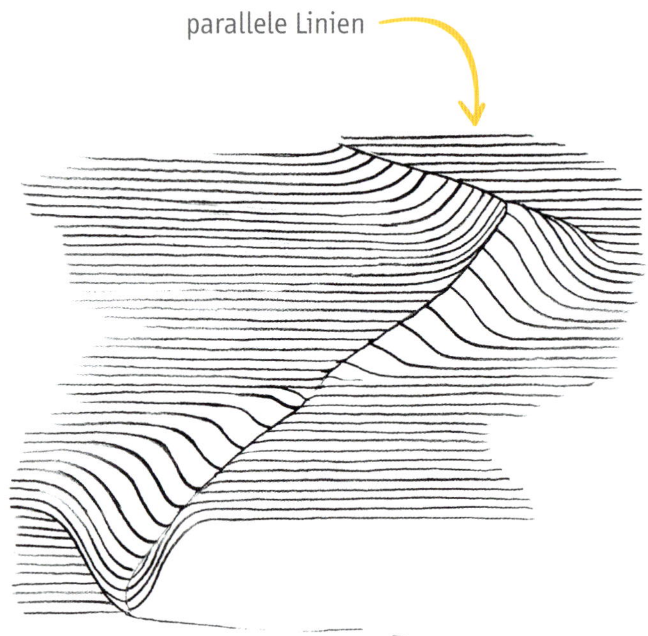

2. Beginne damit, das obere Drittel der Bergkette zu bearbeiten. Zeichne zunächst waagrechte Linien, die zur Gratlinie hin ansteigen oder abfallen. So kannst du den Höhenverlauf der Bergkette modellieren.

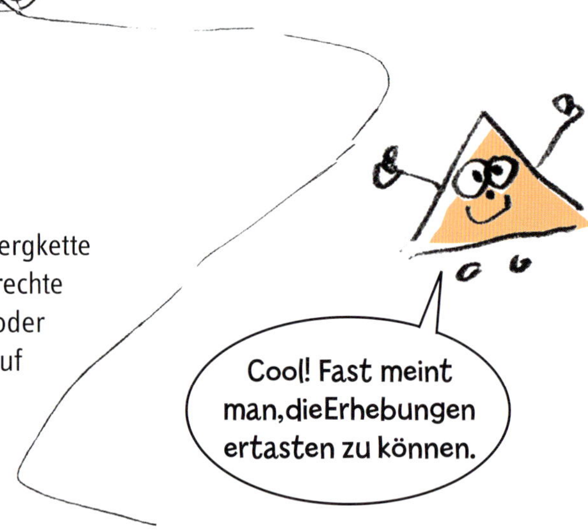

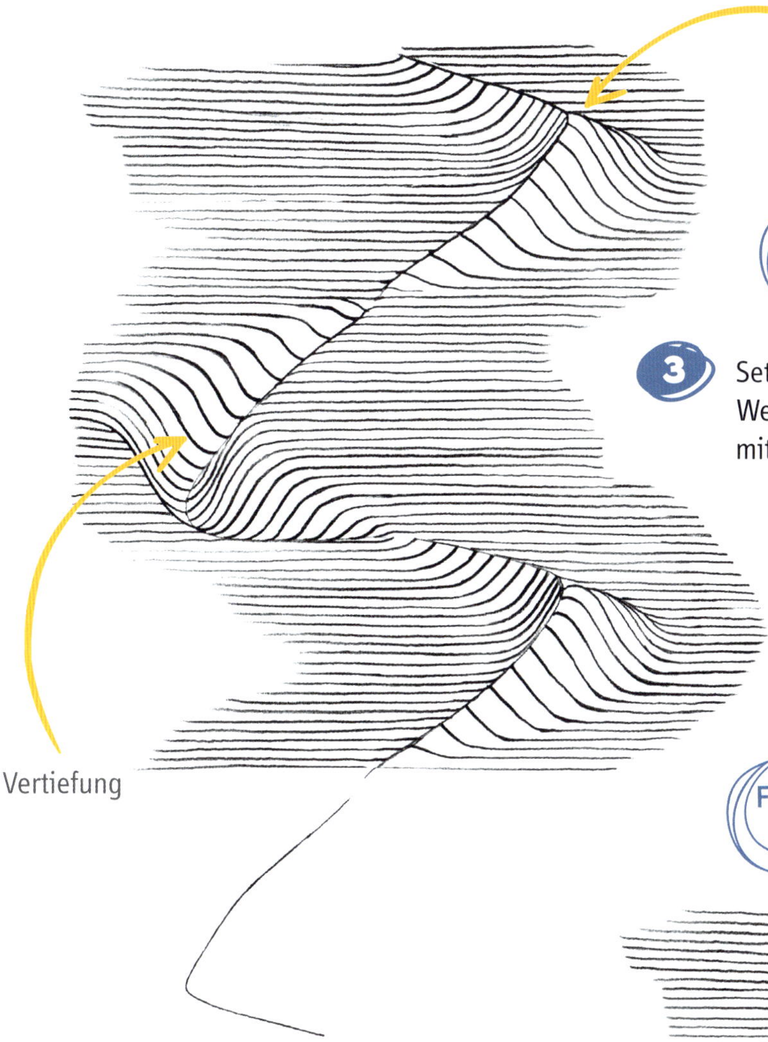

Das ist schon super!

3 Setze deine Arbeit auf die gleiche Weise fort und gestalte nun das mittlere Drittel des Motivs.

Für kleine Profis

4 Führe diese Arbeit bis zum Ende fort und zeichne dann mit einem weichen Bleistift noch einmal die Höhen und Tiefen der Bergkette nach.

DETAILANSICHT
Das Detail zeigt die Anhöhe eines Bergrückens. Die Abstände zwischen den Linien variieren, je nachdem, aus welcher Perspektive du auf die jeweilige Seite des Berggrats schaust.

HASENTE

★☆☆

Dieses Bild ist anders als die Wendebilder und etwas ganz Besonderes. Du brauchst es nicht einmal zu drehen, um ein zweites Motiv zu erkennen. Viele von euch entdecken vielleicht als Erstes die Ente. Erkennst du aber einmal den Hasen, der nach links schaut und bei dem der Schnabel zu den Ohren geworden ist, springen wahrscheinlich beide Tiere beim Betrachten immer hin und her.

1. Zeichne die Umrisse des Kopfes und den Ansatz des Körpers. Deute links auch bereits das kleine Hasennäschen an.

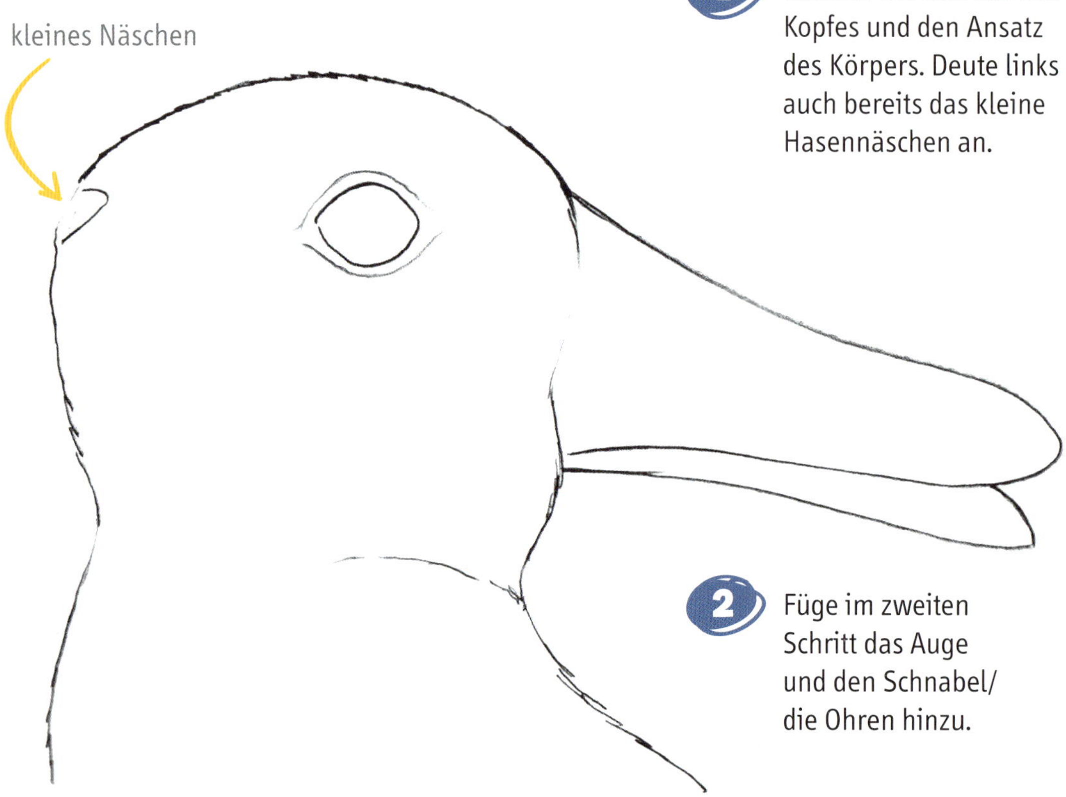

2. Füge im zweiten Schritt das Auge und den Schnabel/die Ohren hinzu.

Das ist schon super!

3 Arbeite Kopf und Körper mit feinen Schraffuren aus. Gestalte das Auge dunkel, lasse aber im Inneren eine weiße Stelle als Glanzlicht frei. Hier spiegelt sich das Licht im Auge und lässt es lebendig wirken.

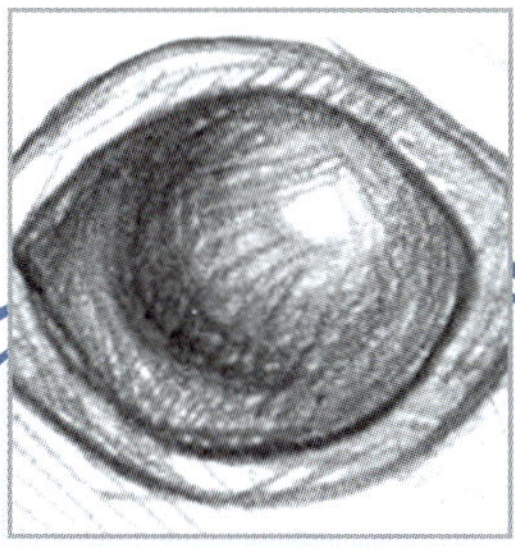

DETAILANSICHT
Schau dir das Auge ganz genau an – selbst die dunklen Schraffuren werden variiert.

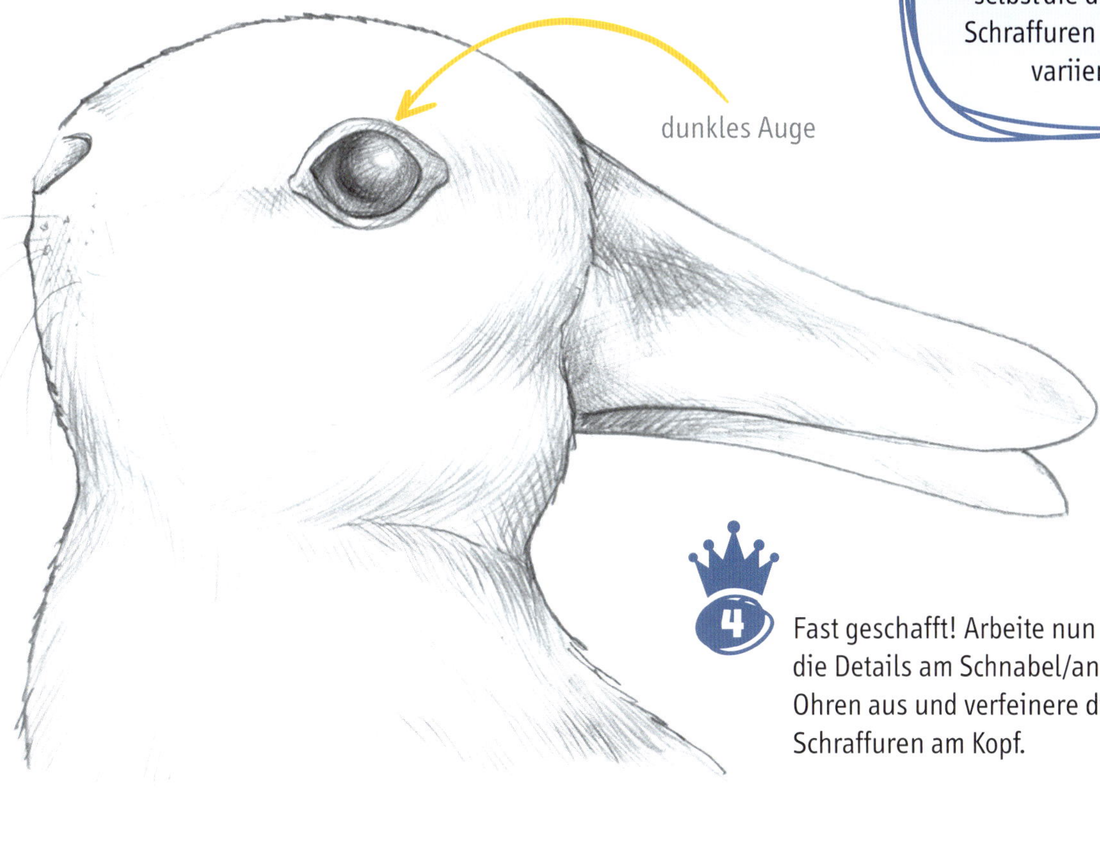

Für kleine Profis

4 Fast geschafft! Arbeite nun auch die Details am Schnabel/an den Ohren aus und verfeinere die Schraffuren am Kopf.

HUNDEBESITZER

★★☆

Dieses Wendebild wird dir Spaß machen! Du zeichnest einen etwas knurrigen Hundebesitzer, der, auf den Kopf gestellt, zu seinem eigenen, an einem Knochen schnuppernden Hund wird. Aber Achtung: Bei diesem Motiv kommt es auf jedes Detail an, sonst klappt entweder das eine oder das andere Bild nicht.

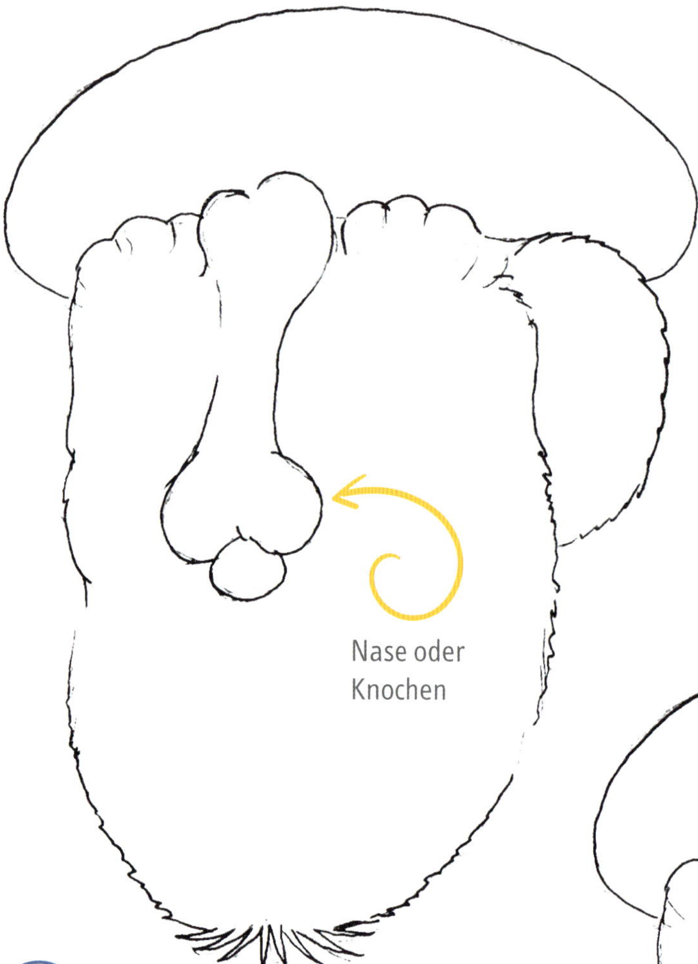

1

Beginne damit, die äußere Kontur zu zeichnen. Setze in die Mitte des Gesichts den Knochen, der auch als Nase interpretiert werden kann.

2

Zeichne dann die Details im Gesicht ein, wie zum Beispiel die zusammengekniffenen Augen oder den Mund mit den Eckzähnen. Es ist wichtig, dass du dabei das Bild immer mal wieder zur Kontrolle umdrehst.

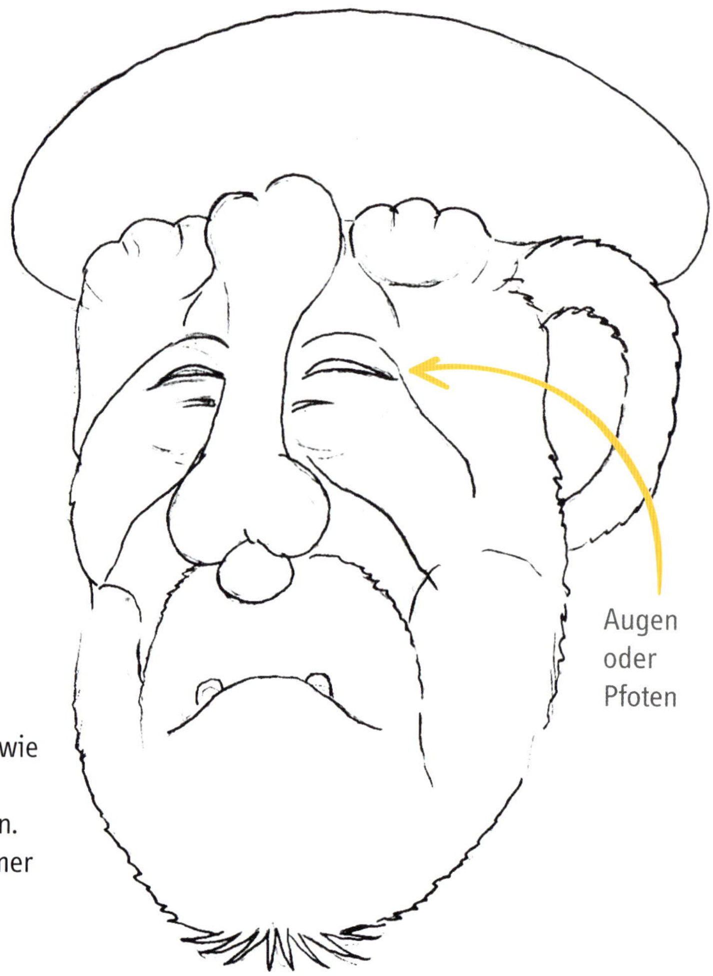

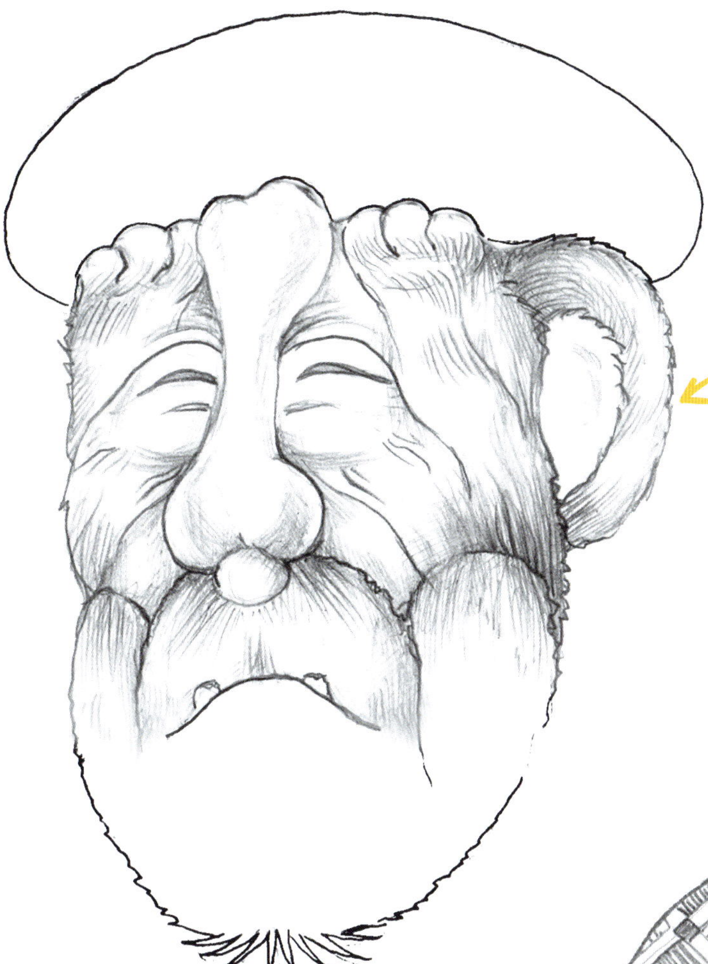

3

Schraffiere nun den gesamten Bereich des Gesichts mit Strukturen, die sowohl Fell als auch Haare sein könnten.

Ohr oder Schwanz

4

Gestalte den Bart, der gleichzeitig auch der Kopf des Hundes ist. Gib der Mütze, die zugleich auch die Decke des Hundes ist, ein hübsches Karomuster.

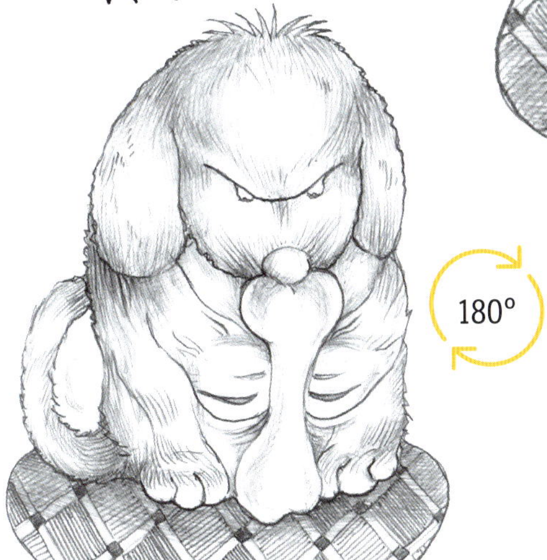

Hund

Besitzer

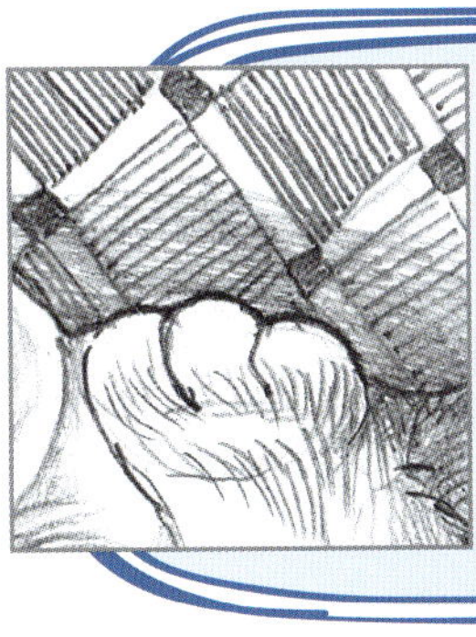

DETAILANSICHT
Muster beleben eine Zeichnung. Aus der Mütze des Hundebesitzers wird umgedreht eine schöne Hundedecke.

VOM FISCH ZUR GANS

★★★

Erinnerst du dich noch an die elf Tiere, die sich alle in einem Elefanten versteckten? Auch dieses Motiv ist eher eine lustige Spielerei als eine klassische Illusion, denn was unten im Bild als Fischschwarm anfängt, endet oben mit fliegenden Wildgänsen. Dazwischen befindet sich eine Art Verwandlungszone, in der die Formen der Tiere ineinander übergehen.

1

Starte mit dem Vogelschwarm. Zeichne die Umrisse einer Reihe von fliegenden Gänsen und ordne die Vögel dabei in einer Art Dreiecksform an.

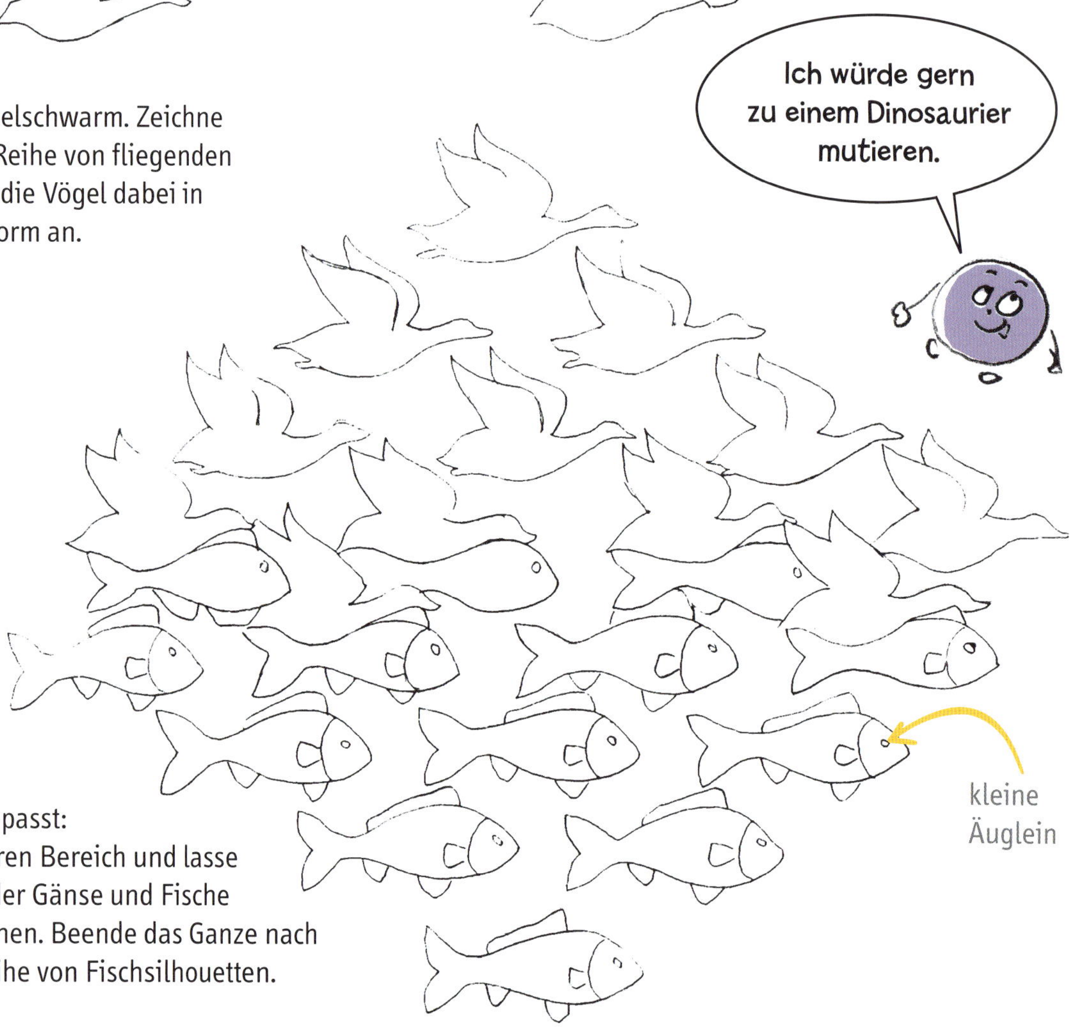

2

Jetzt heißt es aufgepasst:
Zeichne den mittleren Bereich und lasse dabei die Formen der Gänse und Fische ineinander übergehen. Beende das Ganze nach unten mit einer Reihe von Fischsilhouetten.

3

Arbeite sowohl die Gänse als auch die Mischwesen in der Mitte mit einigen wenigen Schraffuren aus.

Das ist schon super!

Mischwesen

DETAILANSICHT
Das Detail zeigt den Bereich der Verwandlungszone, wo die abgebildeten Wesen irgendwo zwischen Fisch und Gans liegen.

Für kleine Profis

4

Endspurt! Gestalte jetzt auch noch die Fische mit weiteren Schraffuren und Strukturen aus. Und freu dich an deinem neuen Kunstwerk!

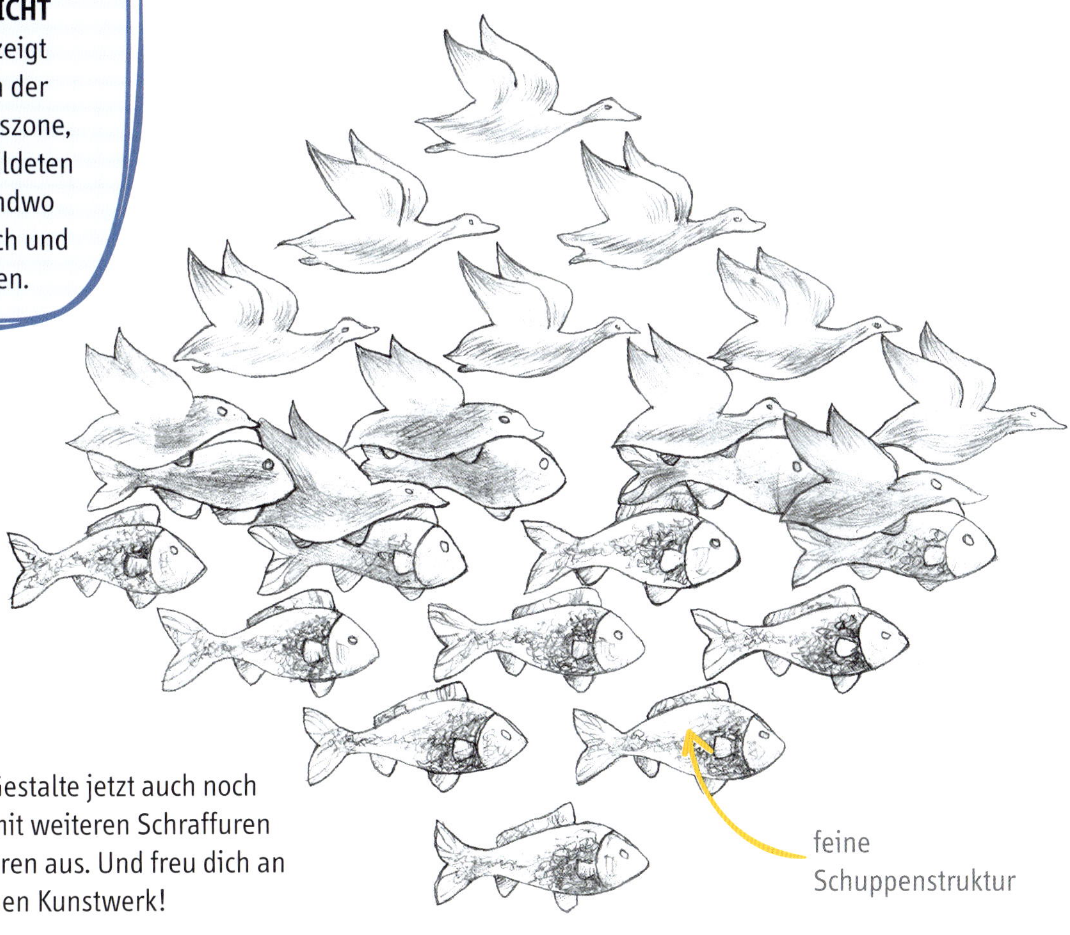

feine Schuppenstruktur

ZEIGT HER EURE FÜSSE

★☆☆

Dieses Trugbild erinnert dich vielleicht an die drei gegeneinander verschobenen Hunde. Dieses Motiv lebt vom Gegensatz der Halbschuhe auf der einen Seite und der Absatzschuhe auf der anderen. Ganz tricky: Die Beine in Hosen gehen dabei immer im Wechsel in die bloßen Beine mit hohen Schuhen über.

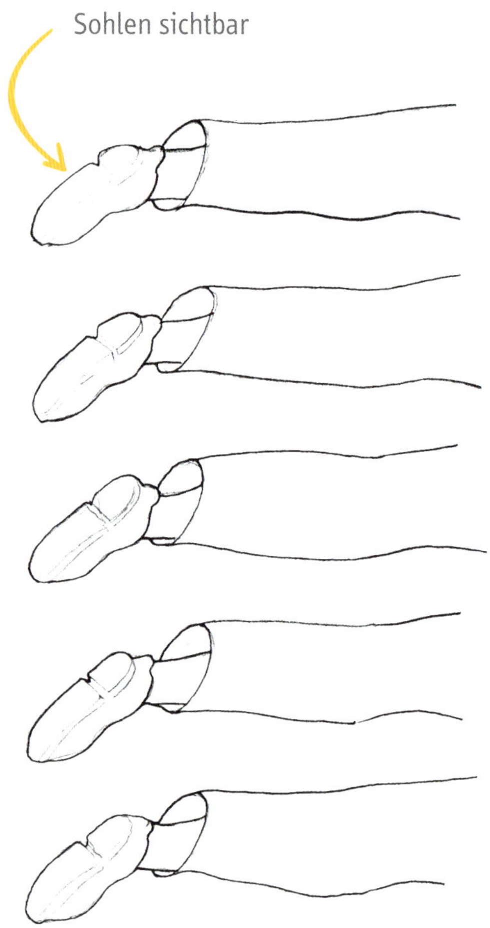

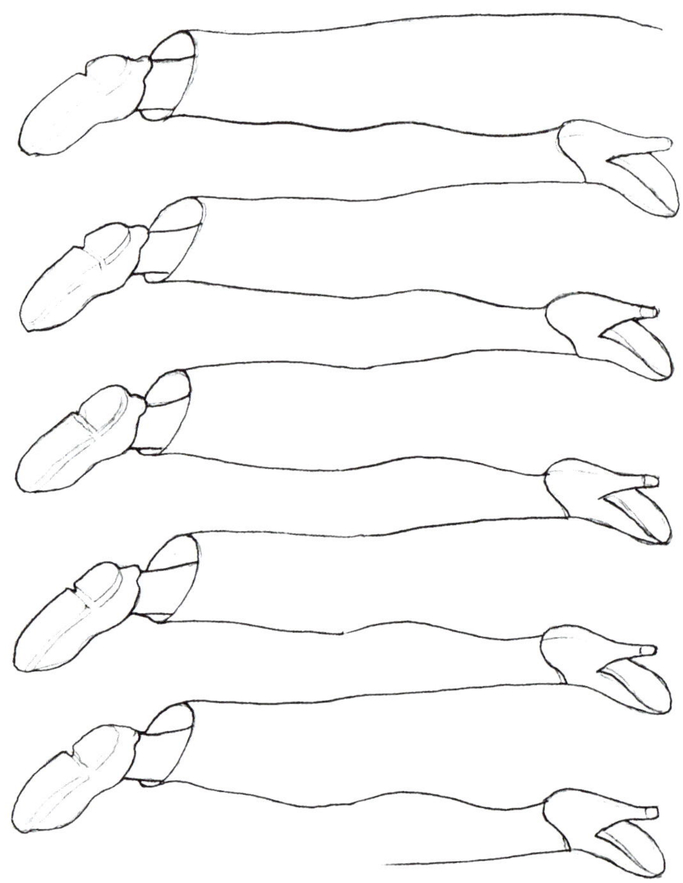

1

Beginne damit, zuerst die rechte Seite mit den Hosen und Schuhen zu zeichnen.

2

Füge dann auf der rechten Seite, immer um eine Linie nach unten versetzt, die Beine mit den Absatzschuhen hinzu.

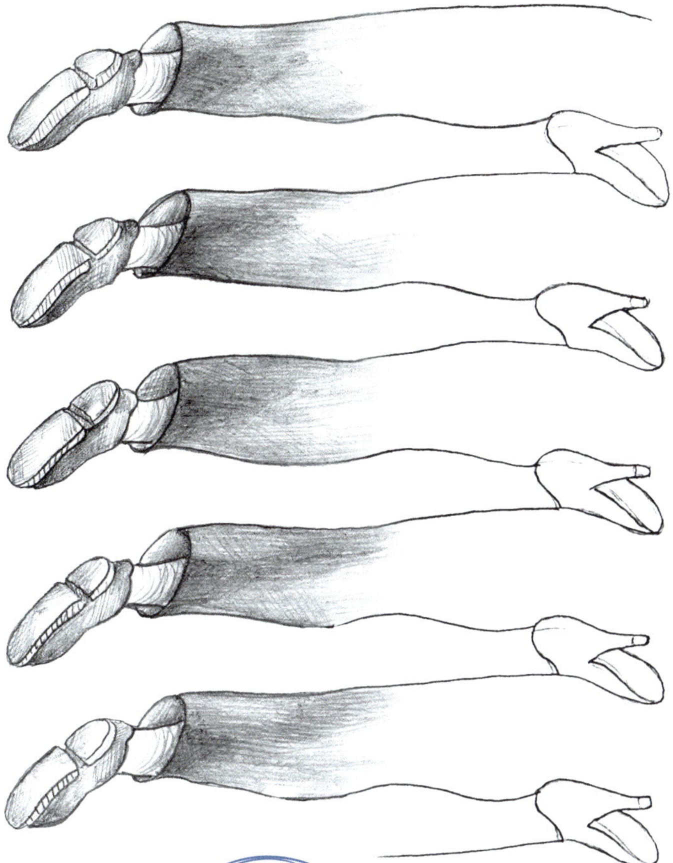

verkleinerte Ansicht

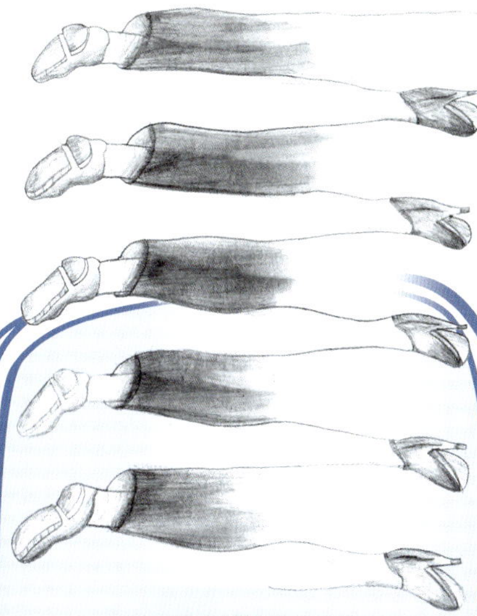

KLEINE KÜNSTLER
Daphne (12 Jahre) hat die Beine sehr gut mit Schraffuren ausgearbeitet.

Das ist schon super!

3

Nun geht es ans Schraffieren. Gestalte zuerst die rechte Seite mit den flachen Schuhen. Schraffiere dabei die Hose und den Beinausschnitt etwas dunkler.

feine Schraffuren an den Beinen

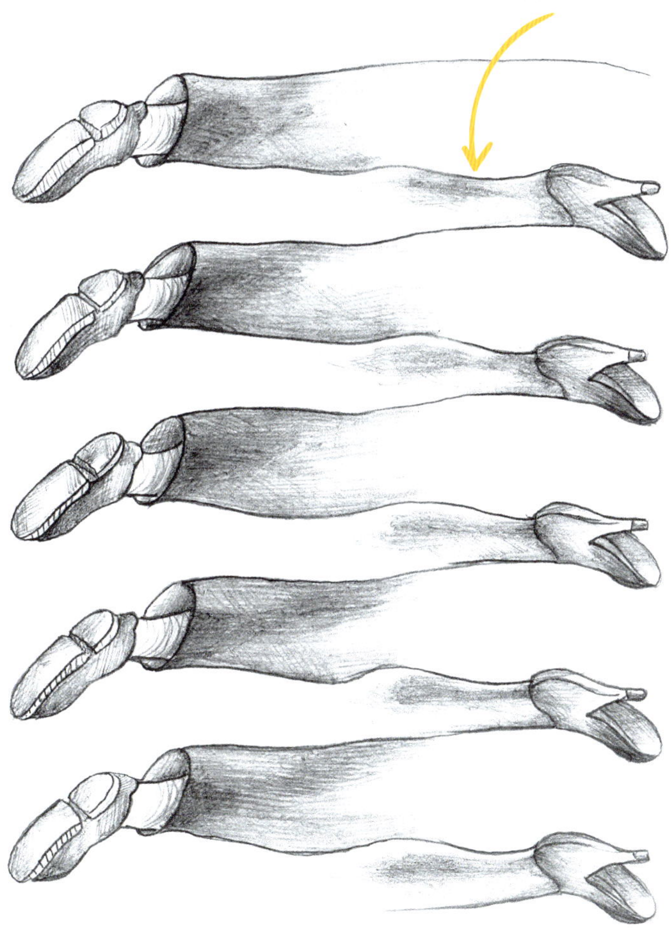

Für kleine Profis

4

Gestalte nun noch die Beine auf der rechten Seite. Schraffiere auch hier den Rand und die Sohle der Absatzschuhe etwas dunkler.

KRÖTENPFERD

★★★

Bisher hast du nur Wendebilder kennengelernt, die man auf den Kopf stellt, also um 180 Grad dreht, um das zweite Motiv zu sehen. Jetzt beschäftigen wir uns mit einem Bild, das nur um 90 Grad gedreht wird - trotzdem erscheint ein ganz neues Motiv. Was auf den ersten Blick wie eine Kröte aussieht, die an einem Teich hockt, wird - um 90 Grad gedreht - zu einem Pferdekopf mit zwei Bäumen im Hintergrund.

1 Zeichne im ersten Schritt die Umrisse der Kröte. Achte hier schon darauf, dass deine Zeichnung, um 90 Grad gedreht, wie ein Pferdekopf aussieht.

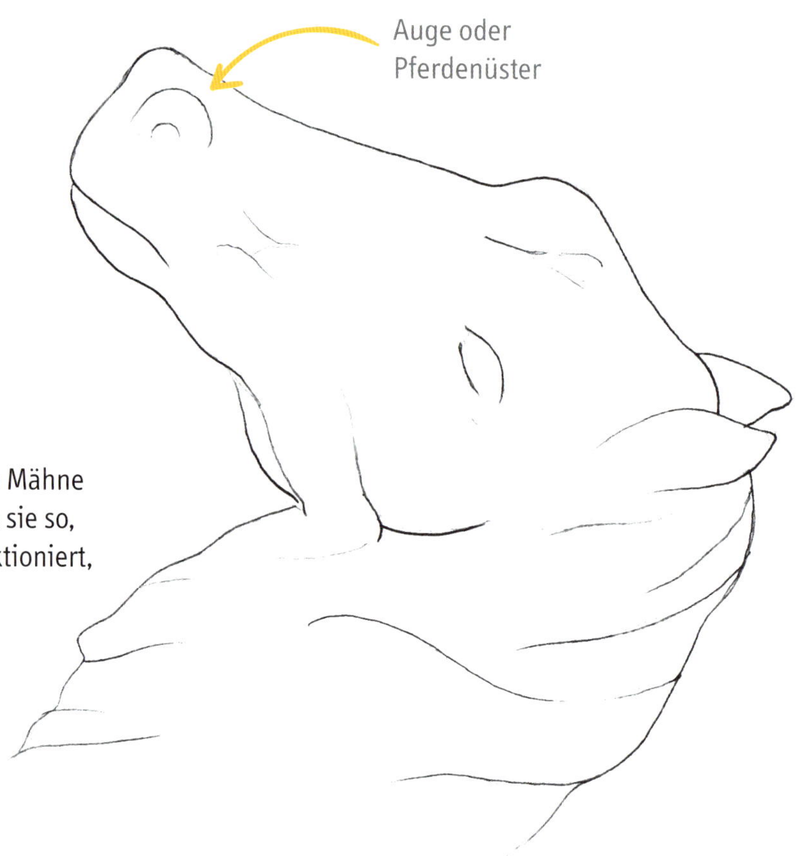

2 Füge im zweiten Schritt die Mähne des Pferdes hinzu. Gestalte sie so, dass sie auch als Stein funktioniert, auf dem die Kröte sitzt.

Das ist schonsuper!

3 Jetzt kommt die Feinarbeit. Schraffiere zunächst den Körper der Kröte. Es ist nicht ganz so einfach, das Auge des Pferdes so in die Strukturen zu integrieren, dass es am Krötenkörper nicht auffällt, gedreht aber als Auge sichtbar wird. Doch du schaffst das!

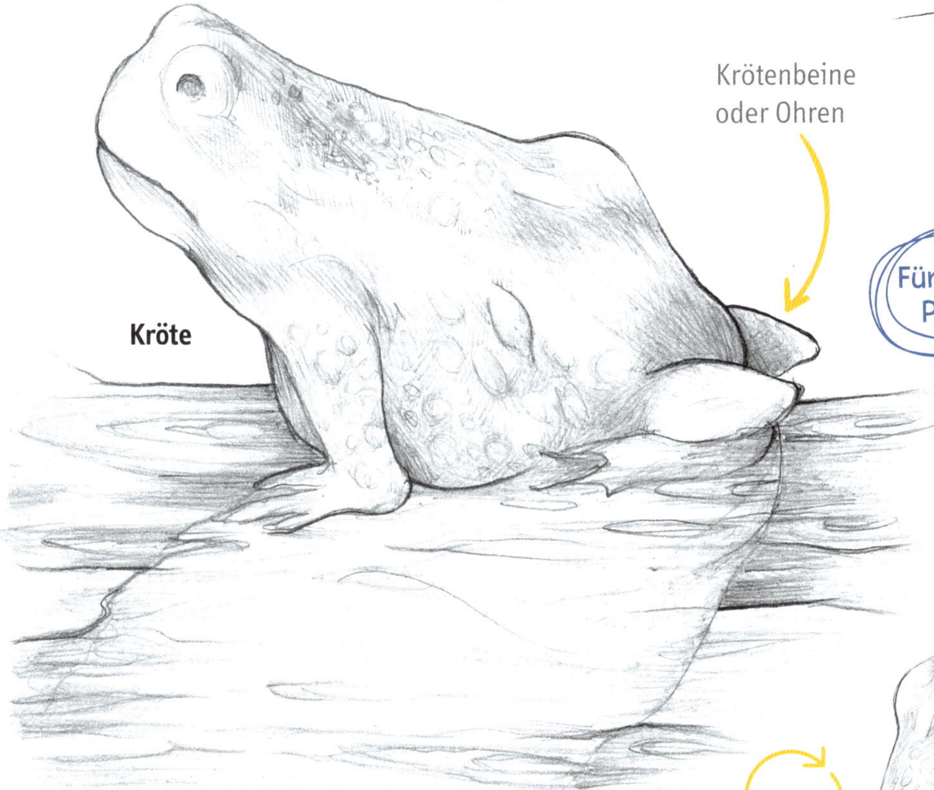

Kröte

Für kleine Profis

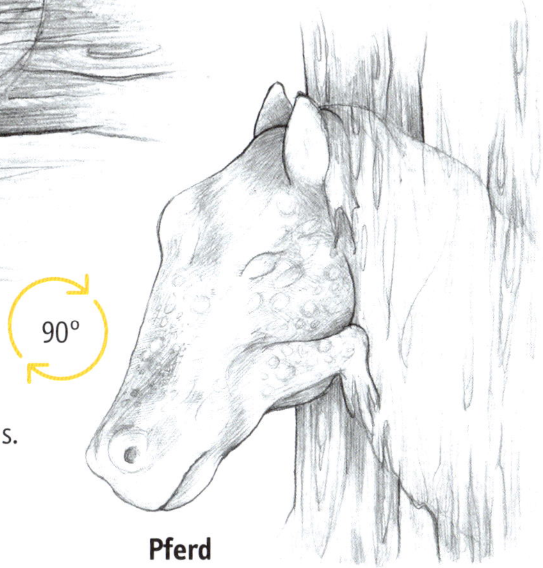

Pferd

4 Arbeite deine Zeichnung mit weiteren Schraffuren aus. Lasse den Bereich der Pferdemähne und die Bäume, die gleichzeitig die Wasserfläche sind, fließend ineinander übergehen.

BLICK INS LAND

★★☆

Die Magie dieses Bildes besteht darin, dass es gleichzeitig zwei Motive zeigt. Wahrscheinlich entdeckst du sofort das Gesicht, das sich aus verschiedenen Landschaftselementen wie Zweigen, Wolken oder Inseln zusammensetzt. Aber siehst du auch den großen Hasen, der auf einem Hügel unter einem Baum sitzt und träumend in die Ferne blickt?

1. Starte mit den Umrissen des kahlen Baums, des Hügels und des darauf sitzenden Hasen.

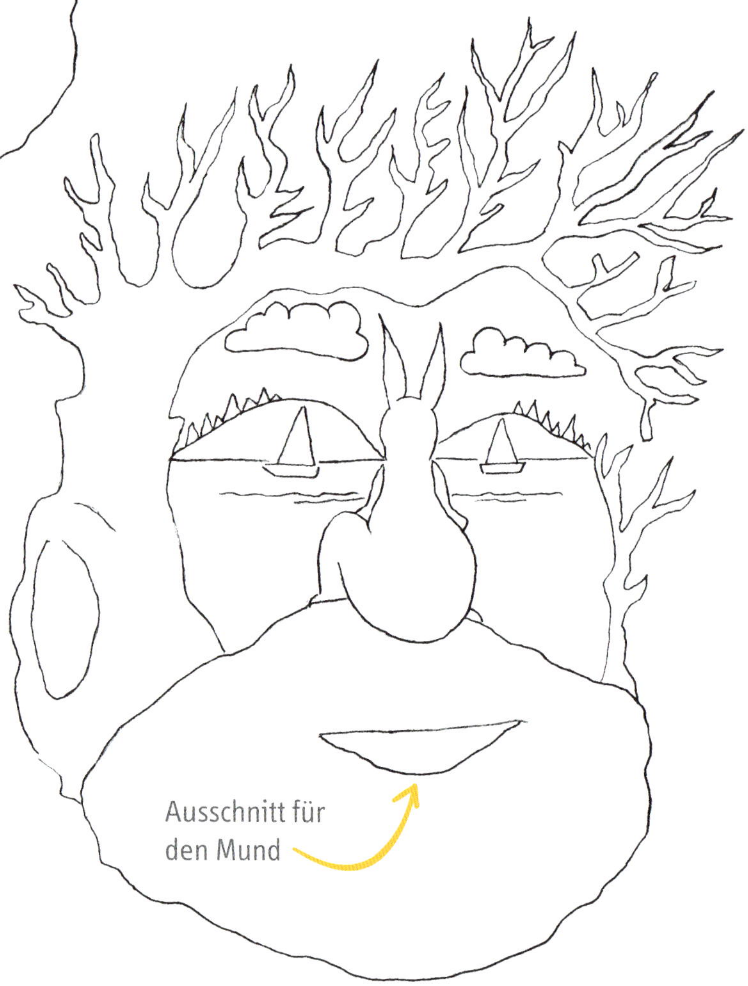

2. Füge dann im Hintergrund des Bildes zwei Inseln, zwei Segelboote und zwei Wolken hinzu. Diese Elemente sind gleichzeitig Teil des Gesichts.

3

Schraffiere im nächsten Schritt die knorrige Struktur des Baums mit seinen Ästen. Er übernimmt gleichzeitig die Funktion der Haare. Dann widmest du dich der Grasfläche des Hügels, auf dem der Hase sitzt. Denke beim Schraffieren daran, dass er gleichzeitig der Bart des Mannes ist.

Das ist schon super!

4

Arbeite die Details im Hintergrund aus und achte darauf, dass die Augen lebendig wirken.

Für kleine Profis

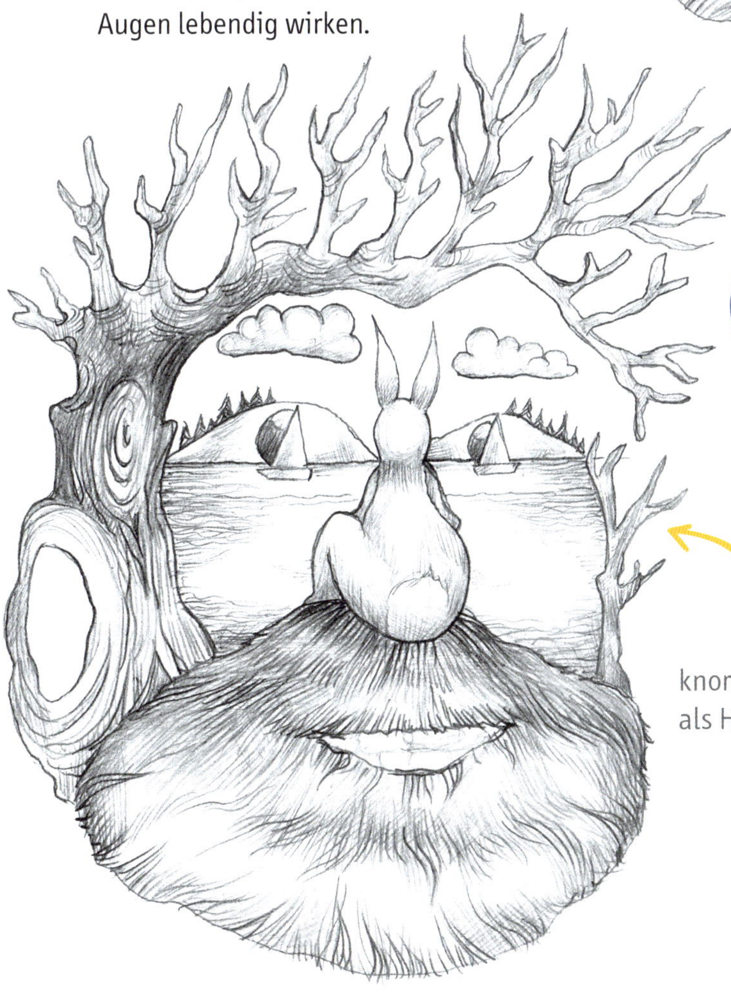

knorrige Zweige als Haare

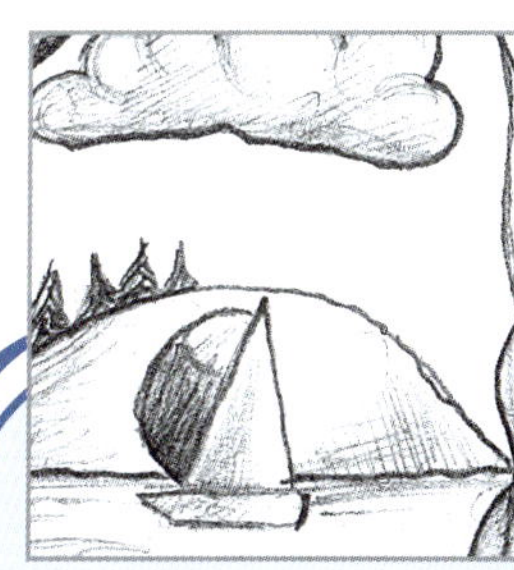

DETAILANSICHT
Der Ausschnitt zeigt die unterschiedlichen Details der Landschaft, die das linke Auge bilden. Achte auf eine sorgfältige Gestaltung der Konturen.

SCHAFSROBBE

★★☆

Weil's so viel Spaß beim Zeichnen macht, kommt hier noch einmal ein Wendebild, ähnlich, wie du es schon beim Schwan und Elefanten geübt hast. In dieser Variante des Themas wird eine Robbe zum Schafskopf. Die Tücke steckt auch hier etwas im Detail, aber ich bin sicher, mit etwas Übung bekommst du es hin.

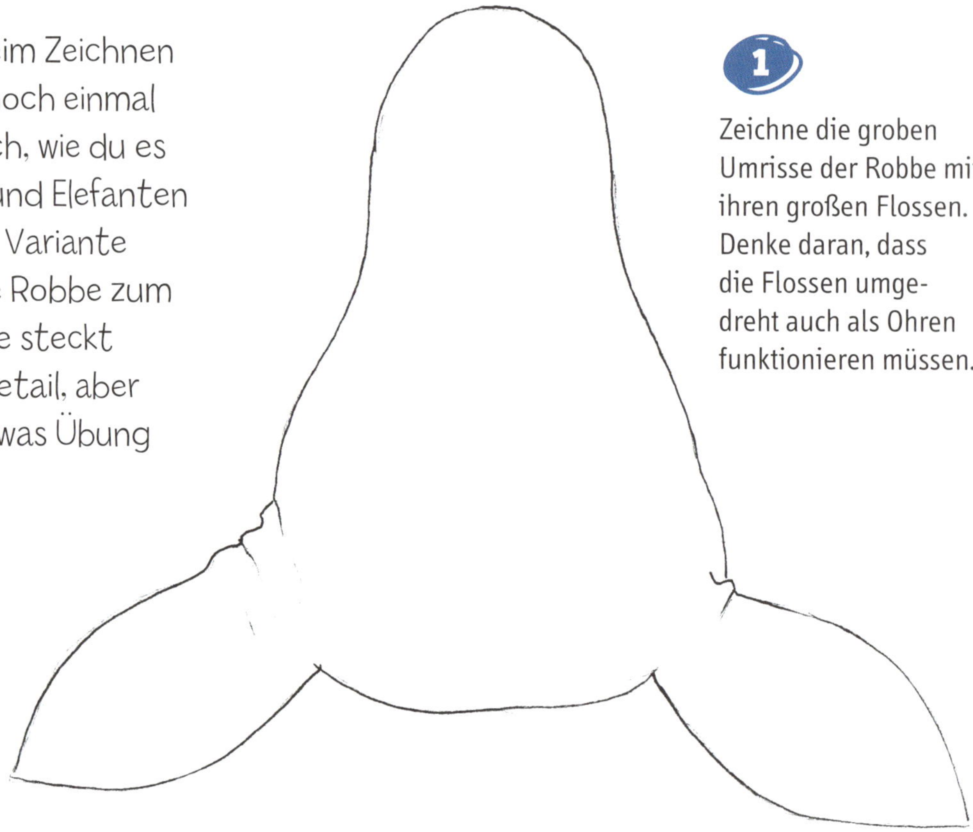

1

Zeichne die groben Umrisse der Robbe mit ihren großen Flossen. Denke daran, dass die Flossen umgedreht auch als Ohren funktionieren müssen.

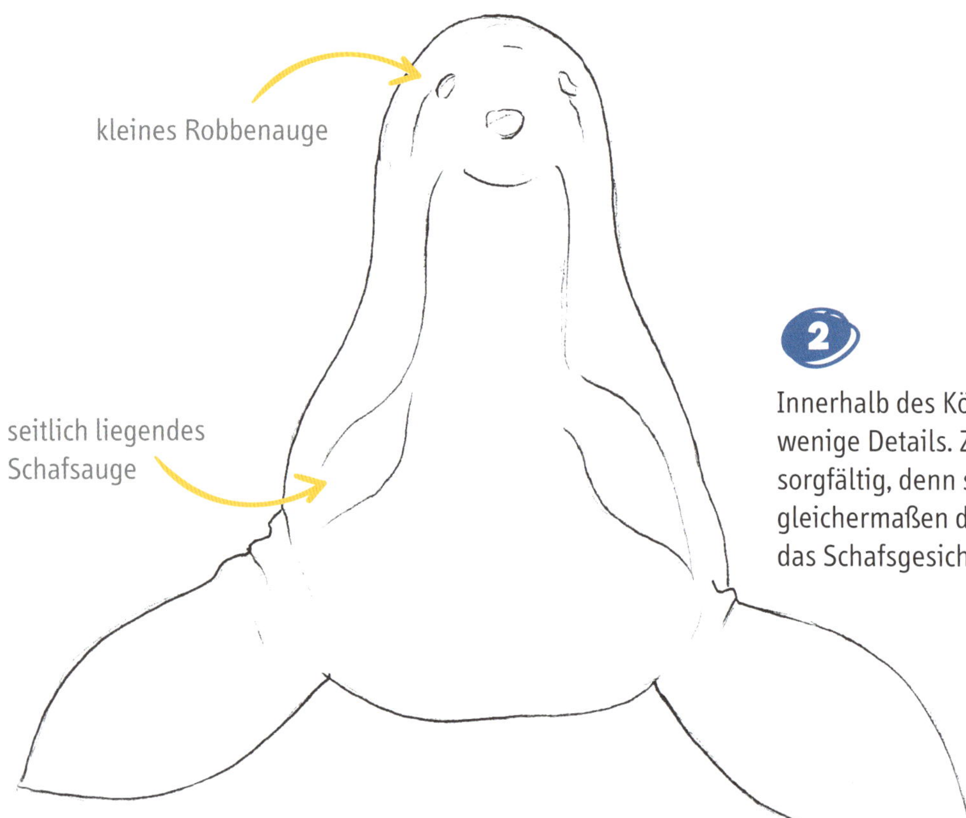

2

Innerhalb des Körpers gibt es nur wenige Details. Zeichne sie trotzdem sorgfältig, denn sie bilden später gleichermaßen den Robbenkopf und das Schafsgesicht.

3

Gestalte die Elemente, die du im vorigen Schritt eingefügt hast, mit feinen Schraffuren genauer aus. Stelle das Blatt immer wieder auf den Kopf und stelle sicher, dass kein Detail zu dominant wird.

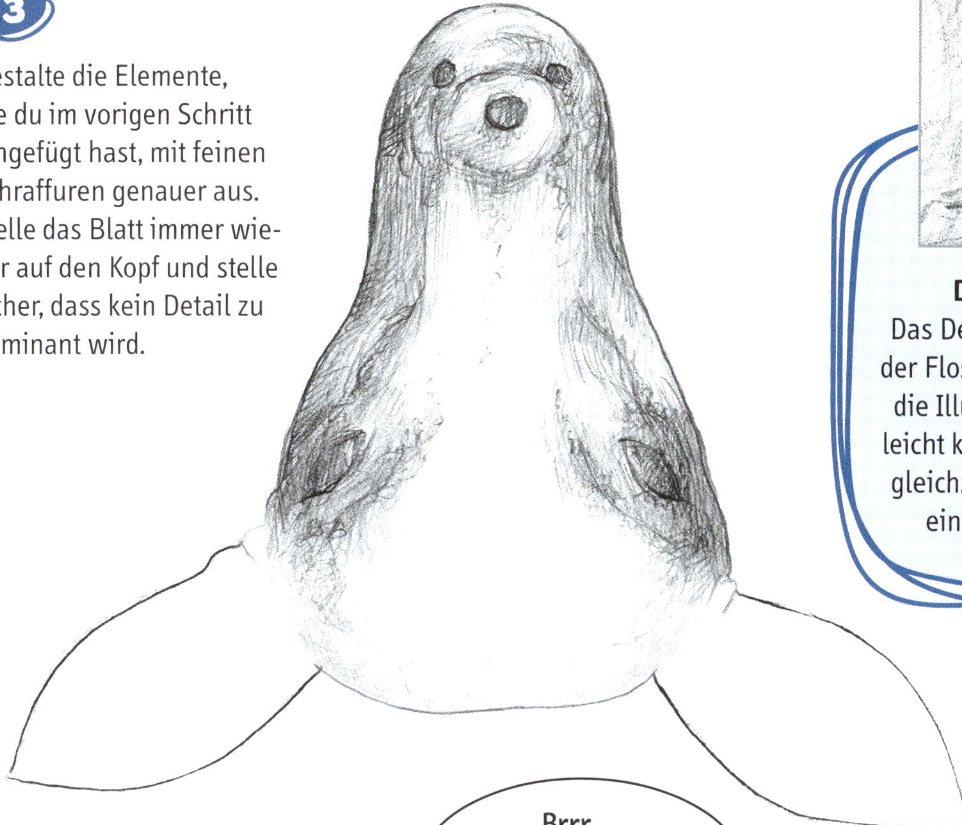

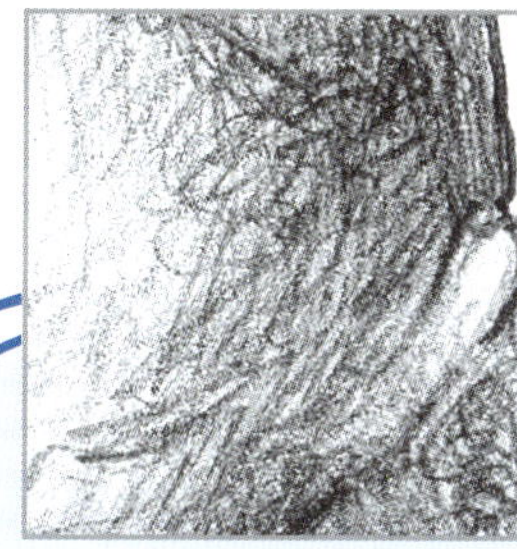

DETAILANSICHT
Das Detail zeigt den Ansatz der Flosse oder des Ohrs. Für die Illusion ist die Struktur leicht kraus wie ein Fell aber gleichzeitig glatt genug für einen Robbenkörper.

4

Bleib dran, du bist fast fertig! Gib zum Schluss noch den Flossen mit Schraffuren eine schöne Struktur, die auch für die Ohren passt.

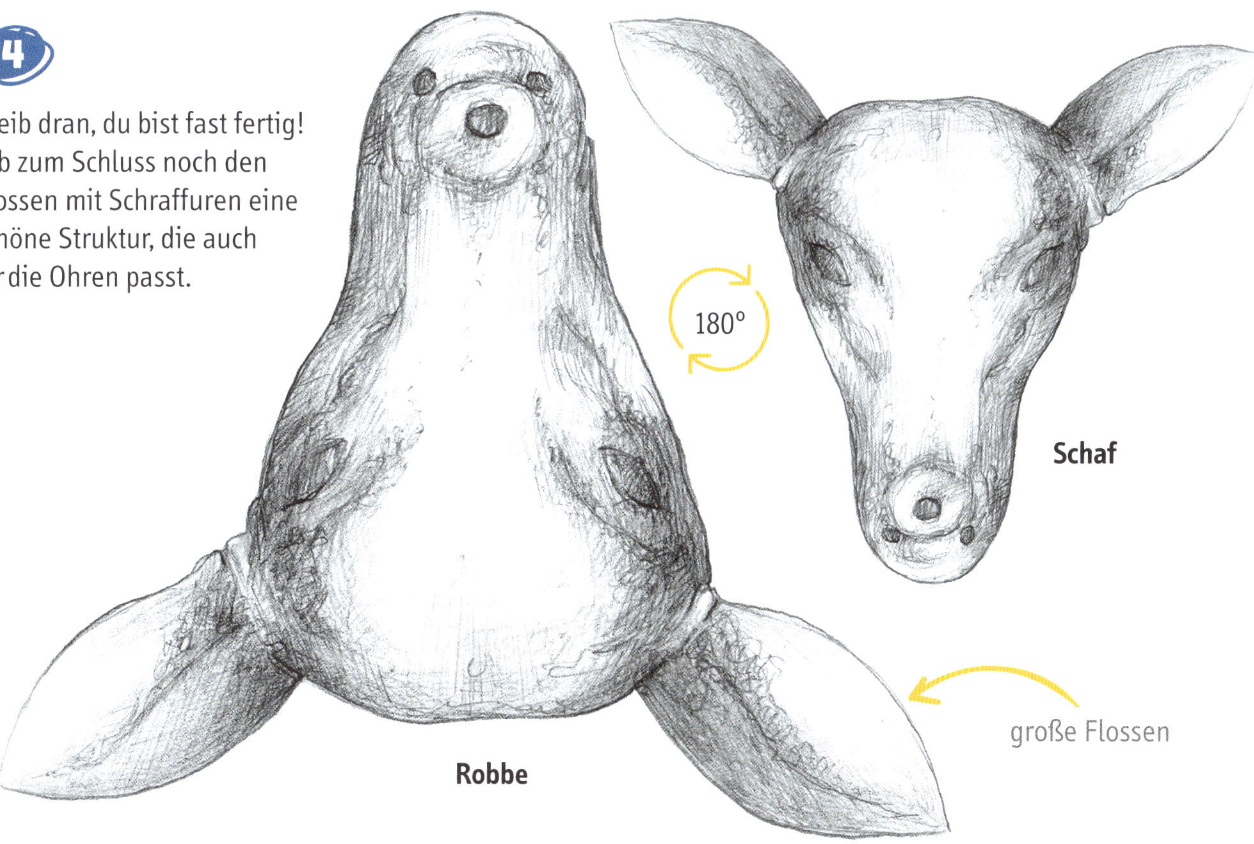

KLETTERKATZE

★★☆

Bei diesem Motiv zeige ich dir einen kleinen Trick, wie man ein Bild interessanter machen kann. Sieht es nicht aus, als sei das Papier auf dieser Seite in Streifen geschnitten worden? Die kleine Katze scheint durch die Streifen hindurch aus dem Buch herausklettern zu wollen. Optische Täuschung!

1 Zeichne zuerst einige parallele Querlinien mit demselben Abstand auf dein Papier. Skizziere dann die Umrisse der Katze so, dass immer wieder ein Teil von ihr von einem Streifen verdeckt wird.

2 Arbeite den Kopf der Katze mit Schraffuren aus, die ruhig auch etwas dunkler sein dürfen. Schenke den Details wie Augen, Nase, Schnurrhaare oder dem Fell innerhalb der Ohren besondere Aufmerksamkeit.

Das ist schon super!

3 Widme dich nun dem Körper der Katze und arbeite ihn aus. Achte dabei auf die weiß bleibenden Streifen.

Für kleine Profis

4 Nun fehlen noch das untere Beinchen und der Schwanz. Arbeite die Schraffuren bis zum Ende aus. Ergänze dann den Schatten hinter der Katze und vergiss auch nicht die feinen Schraffuren an den Papierstreifen im Vordergrund.

feine Schraffuren

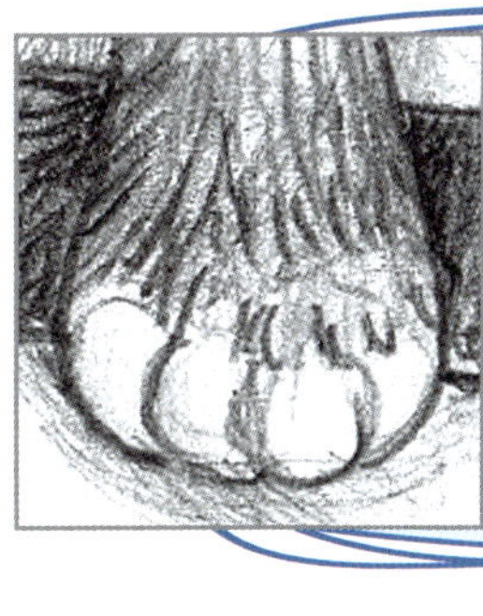

DETAILANSICHT
Hier siehst du gut, wie du bei der Gestaltung des Fells arbeiten musst.

KAROKUGEL

★★★

Die Kugel, die sich aus einem Karomuster herauswölbt, ist tatsächlich eines meiner Lieblingsmotive. Vielleicht ist es demnächst auch einer deiner Favoriten? Das Motiv verbindet ein auffälliges Muster mit einer perfekten Illusion. Durch das aufgewölbte Karomuster und die Schatten an den Rändern wirkt die Kugel geradezu greifbar plastisch.

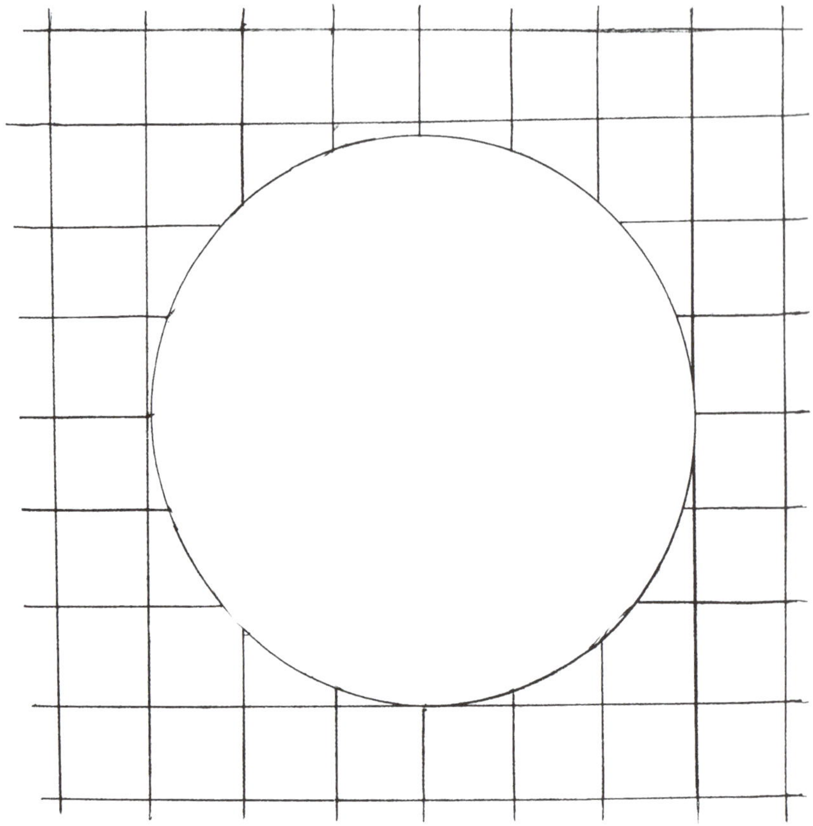

1

Wir fangen einfach an: Zeichne mit dem Zirkel einen Kreis. Lege um den Kreis herum ein Schachbrettmuster an.

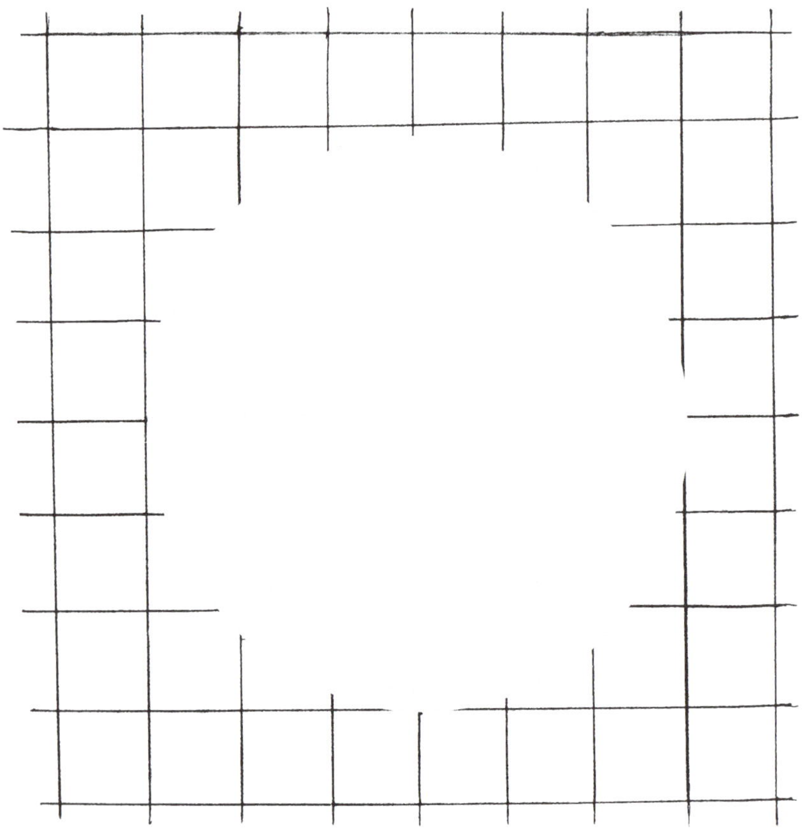

2

Zeichne dann mit leicht gebogenen, seitlichen Linien die Konturen der Flächen, die sich nach oben wölben werden.

Schwarz und Weiß
im Wechsel

3

Jetzt wartet eine kleine Fleißaufgabe auf dich: Gestalte das Schachbrettmuster um die Kugel herum mit dunklen, einheitlichen Schraffuren.

leichter Schatten
um die Kugel

4

Schraffiere nun die dunklen Felder innerhalb des Kreises, die du vorhin angelegt hast. Variiere dabei die Helligkeit so, dass die Felder, die am Rand liegen, am dunkelsten sind.

ganz enge
Schraffuren

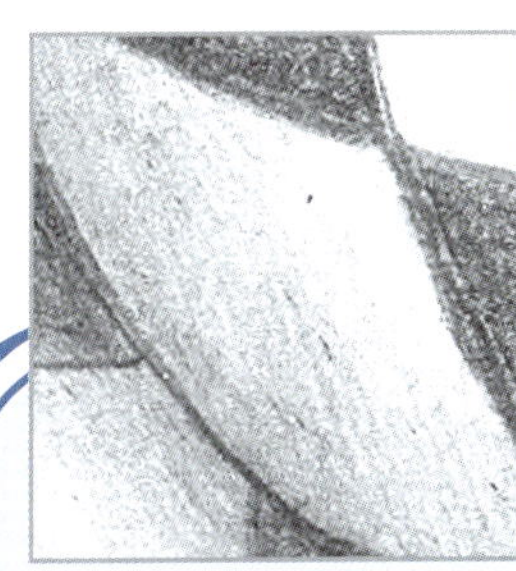

DETAILANSICHT
Das Detail zeigt, wie die Schatten auf den hellen Flächen am Rand der Kugel schraffiert werden.

PINGUINGIRAFFE

★☆☆

Wie schon beim Schwanelefant und der Schafsrobbe sind auch hier wieder zwei Tiere in einem Bild versteckt. Wenn du den kleinen Pinguin umdrehst, erkennst du plötzlich den Kopf einer Giraffe. Damit beide Tiere am Ende gut erkennbar sind, müssen alle Details stimmen. Drehe die Zeichnungen am besten immer wieder zwischendurch um.

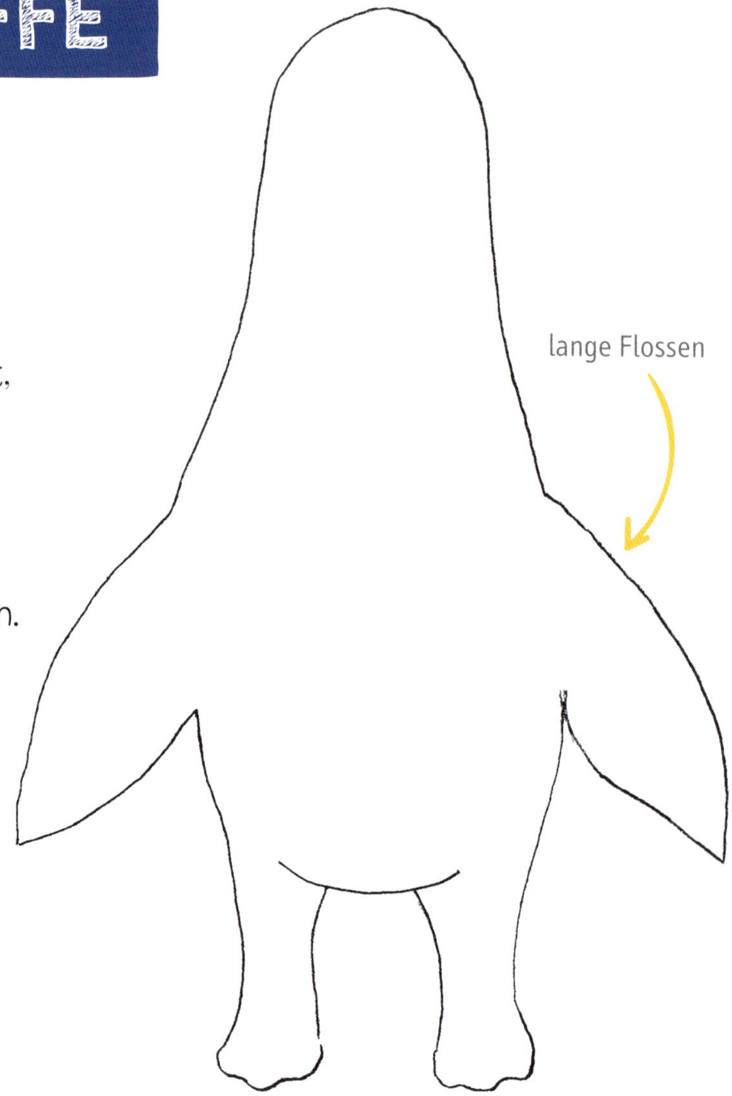

1. Zeichne die Kontur des Motivs. Die Flossen des Pinguins sind gleichzeitig die Ohren der Giraffe und die Pinguinbeine sind umgedreht Hörner.

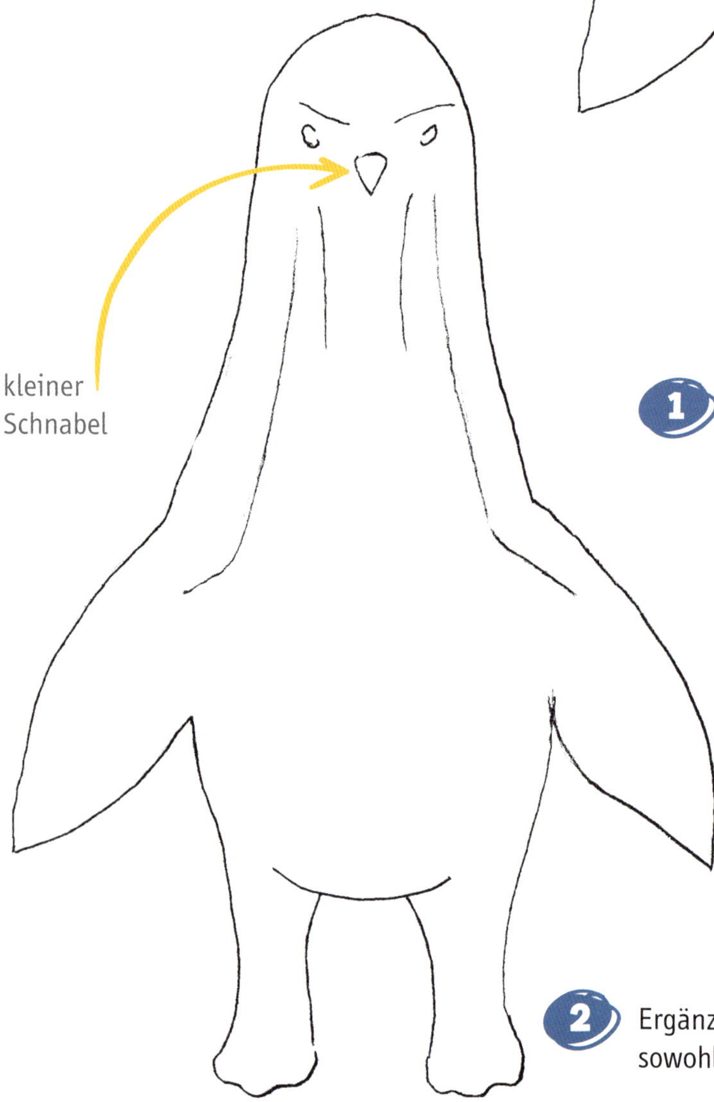

2. Ergänze die Details innerhalb des Körpers, die sowohl zum Pinguin als auch zur Giraffe gehören.

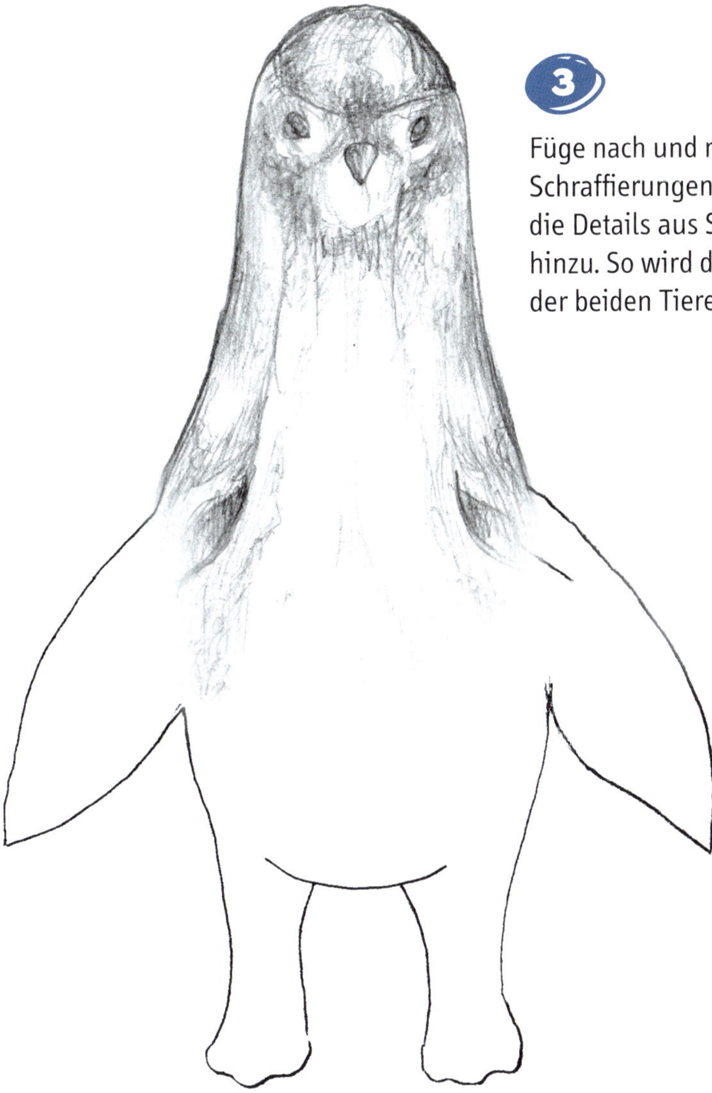

3

Füge nach und nach die Schraffierungen rund um die Details aus Schritt 2 hinzu. So wird das Gesicht der beiden Tiere erkennbar.

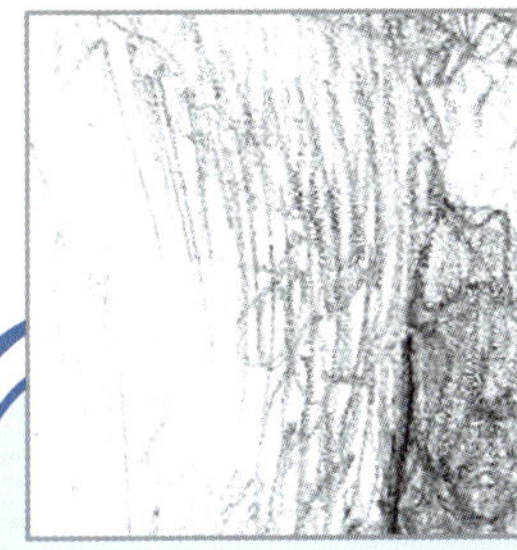

DETAILANSICHT
Das Detail zeigt den Übergang von der Flosse oder dem Ohr zum Körper. Die Schraffuren zeigen sowohl Merkmale eines Fells als auch einer glatten Haut.

4

Fast geschafft! Gestalte auch die untere Hälfte der Zeichnung mit feinen Schraffuren fertig aus.

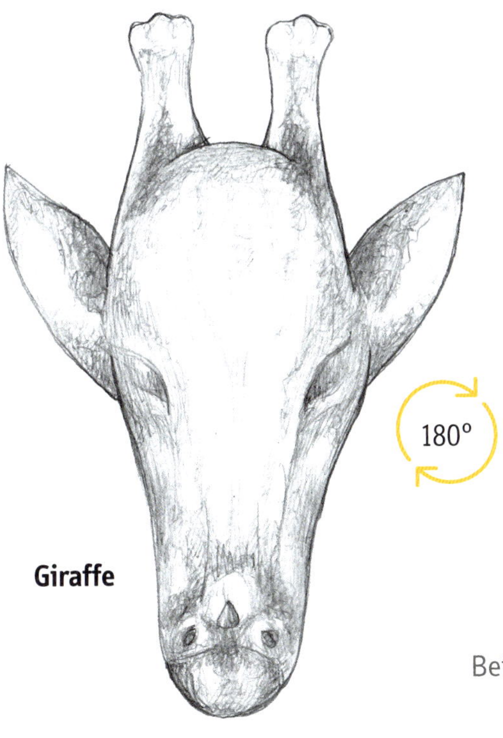

Giraffe

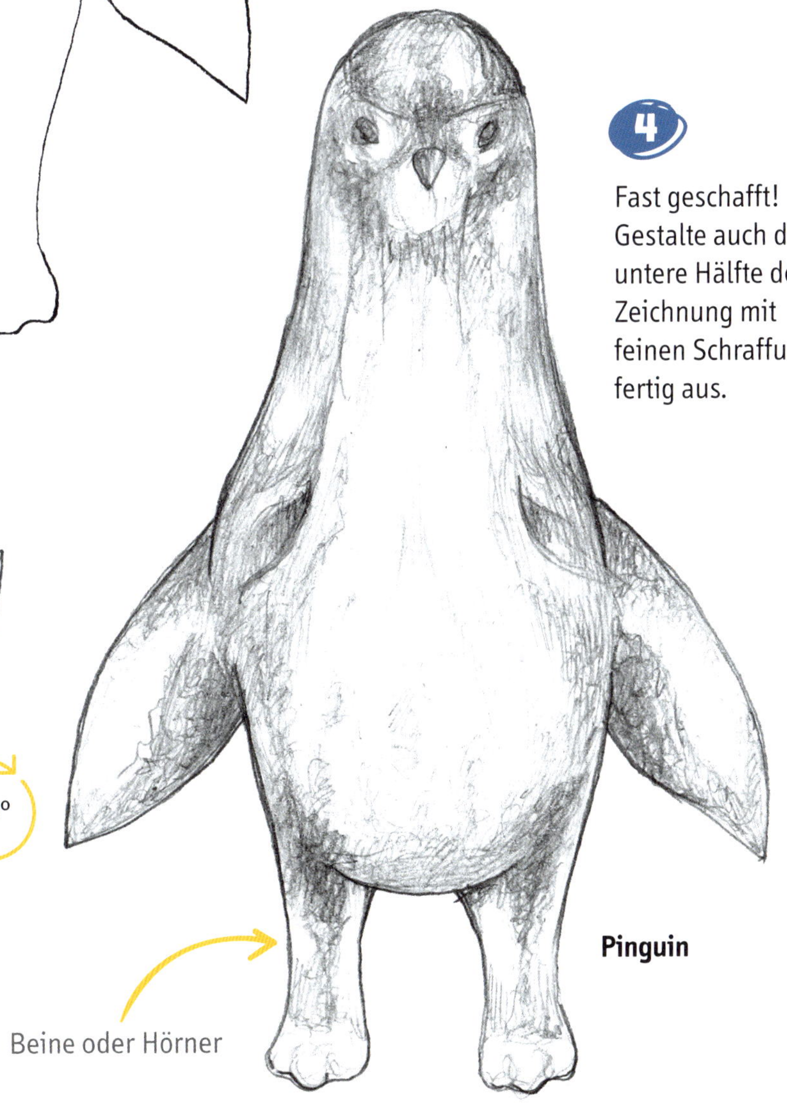

Pinguin

VIELFÜSSLER-ELEFANT

★★☆

Auf den ersten Blick sieht es aus wie ein ganz normaler Elefant. Aber wenn du genauer hinschaust, verliert sich dein Blick wahrscheinlich in dem Gewirr von Beinen, bei denen man weder richtig erkennt, wo sie anfangen, noch wo sie aufhören. Sogar der Rüssel mischt dabei mit – siehst du es?

1

Zeichne zuerst einen Elefanten von der Seite. Gestalte die Kontur des Rückens, des Ohrs, des Rüssels, des einen Hinterbeins und die Umrisse der Stoßzähne.

2

Jetzt wird's spannend! Zeichne die Beine ein. Orientiere dich an der Vorlage. Beinansatz und Fuß verschieben sich immer gegeneinander.

3

Im nächsten Schritt schraffierst du den oberen Teil des Körpers mit Kopf, Ohr und dem Rüssel.

Das ist schon super!

Struktur des Rüssels

4

Für kleine Profis

Gib deinem Elefanten nun den letzten Schliff, indem du die Beinansätze und die Füße im Wechsel zueinander mit feinen Schraffuren ausarbeitest.

IN WIRKLICHKEIT

Bei diesem Elefanten sind keine extra Beine mehr vorhanden. Vergleiche, wo die Zeichnung geändert wurde, um die Täuschung zu korrigieren.

3-D-DELFIN

★★★

Diese Technik kommt dir bekannt vor, oder? Vielleicht hast du sie schon bei der Hand und bei der Bergkette ausprobiert. Bei diesem Motiv ist es allerdings so, dass die Linien, die sich über den Körper des Delfins wölben, nicht waagrecht verlaufen, sondern diagonal. Das verleiht dem springenden Delfin noch mehr Dynamik.

TIPP

Ganz entspannt
Schüttle ruhig zwischendurch immer mal wieder deine Hand aus, damit du beim Linienzeichnen nicht verkrampfst.

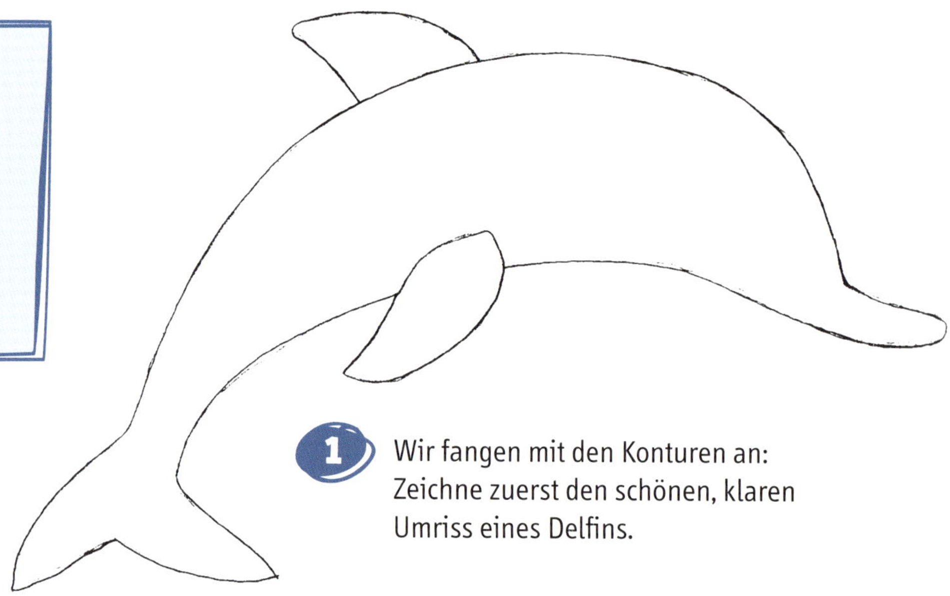

1 Wir fangen mit den Konturen an: Zeichne zuerst den schönen, klaren Umriss eines Delfins.

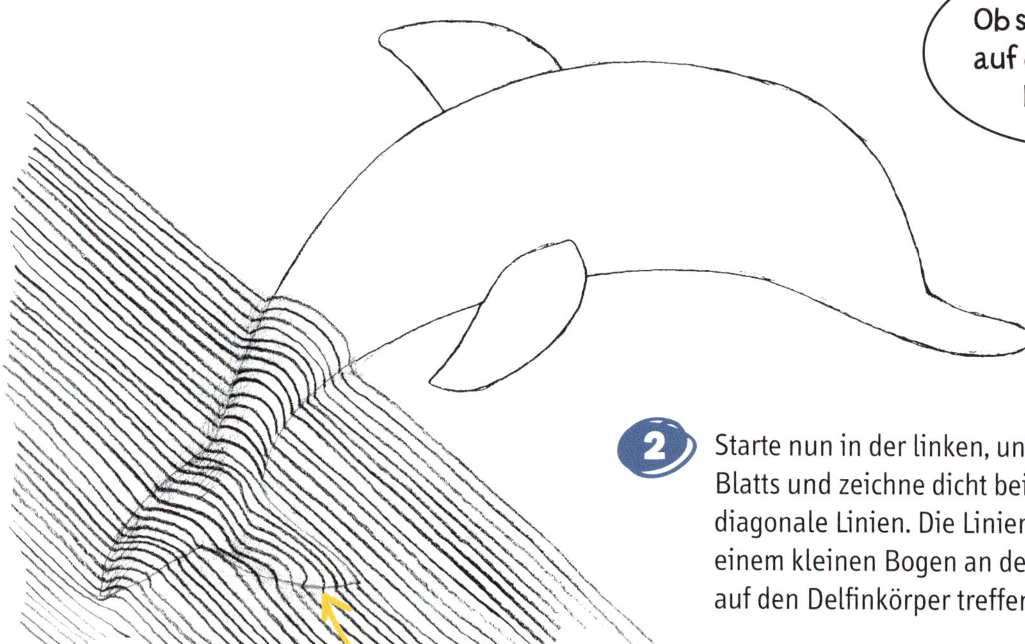

2 Starte nun in der linken, unteren Ecke deines Blatts und zeichne dicht beieinanderliegende, diagonale Linien. Die Linien wölben sich mit einem kleinen Bogen an den Stellen, wo sie auf den Delfinkörper treffen.

Schwanzflosse des Delfins

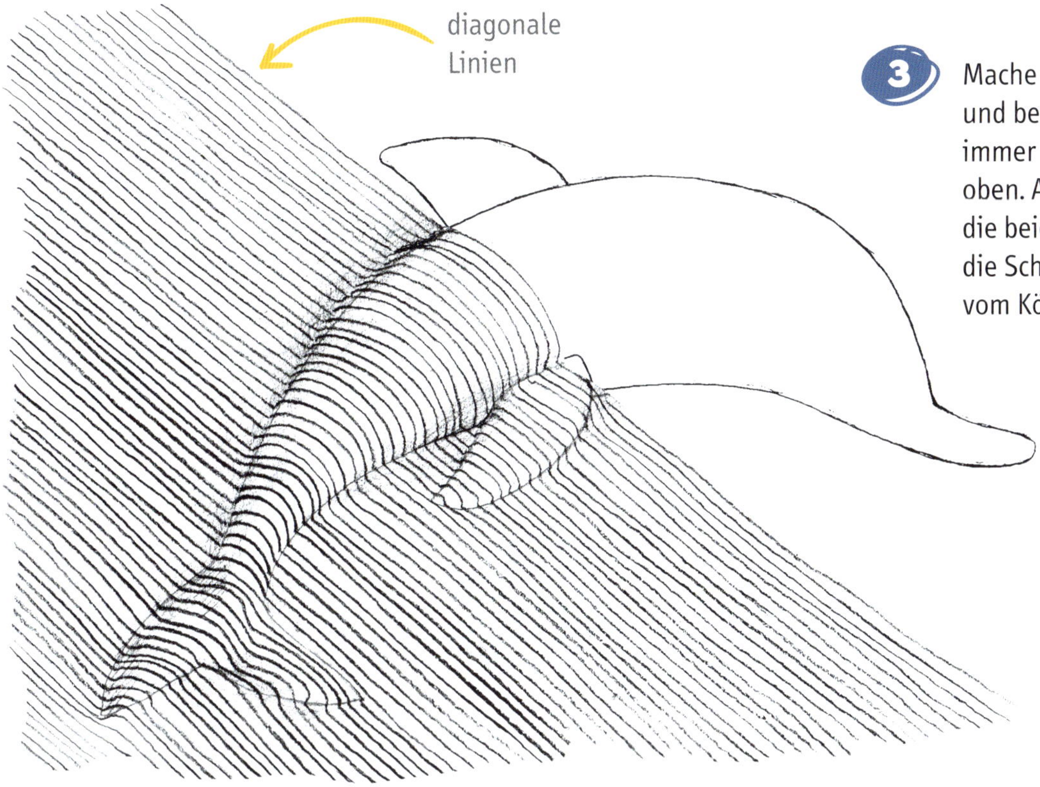

3 Mache mit den Linien weiter und bewege dich dabei immer weiter nach rechts oben. Achte darauf, dass sich die beiden Brustflossen und die Schwanzflosse deutlich vom Körper abheben.

4 Gestalte auf diese Art und Weise auch noch den Kopf des Delfins. Lasse die Linien dann oben rechts auslaufen. Schraffiere die Randbereiche, um den 3-D-Effekt zu verstärken.

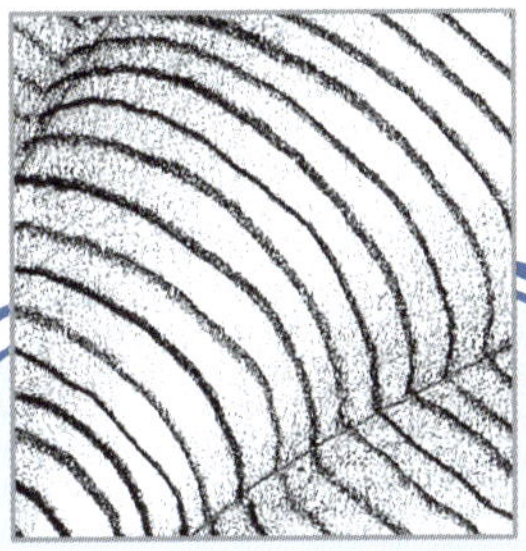

DETAILANSICHT
Das Detail zeigt sehr gut, wie sich die Linien wölben und wo du Schatten einzeichnest.

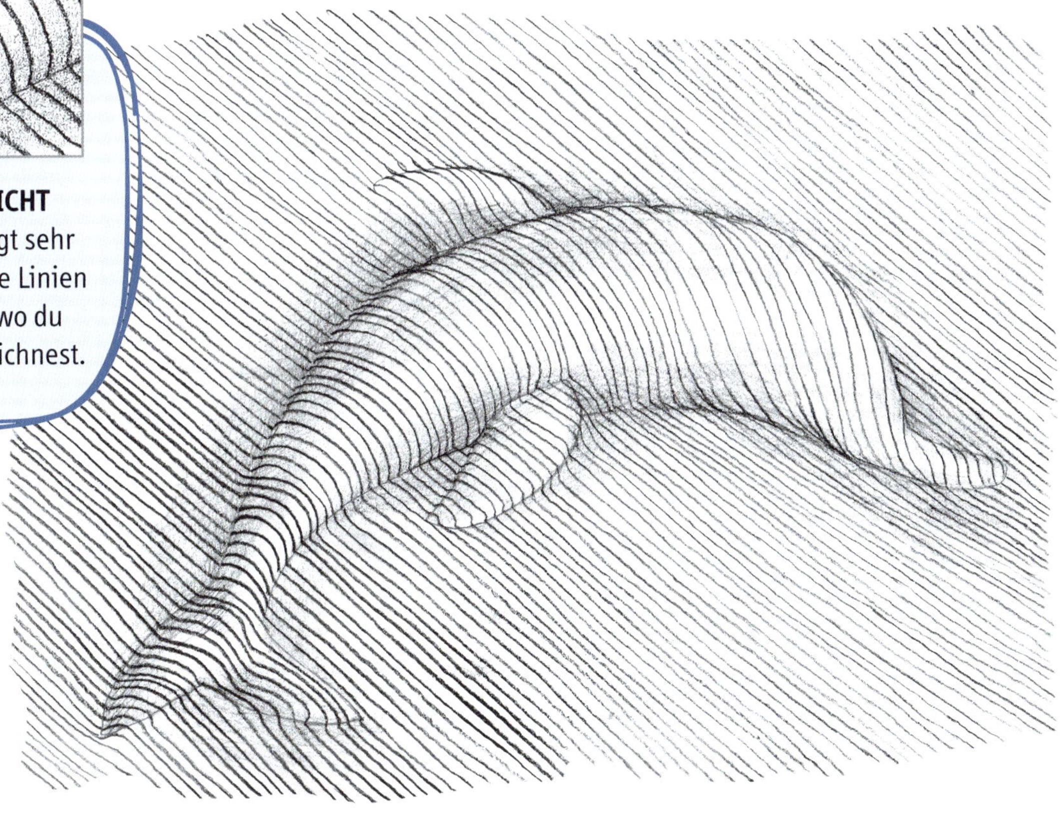

VERBLÜFFENDE ILLUSIONEN

Du weißt inzwischen schon ganz schön viel über Optische Täuschungen und Illusionen. In den beiden vorhergehenden Kapiteln habe ich dir gezeigt, wie du teilweise mit einfachen grafischen Mitteln eine große Wirkung erzielen kannst. Jetzt gehen wir noch mal ein Stückchen weiter und bringen die Fotografie mit ins Spiel. Ein paar der folgenden Zeichnungen wirken nämlich noch verblüffender, wenn du sie nach der Fertigstellung fotografierst! Nimm also zum Zeichnen am besten gleich eine Digitalkamera oder ein Handy zur Hand und halte fest, was du gestaltet hast.

MIT HERZ

★★☆

Dieses Herz sieht aus, als würde es auf dem Tisch stehen – eine hübsche Illusion, die als Foto besonders gut funktioniert. Das Herz ist nicht besonders schwierig zu zeichnen und ein Foto davon würde sich beispielsweise für eine Hochzeits- oder Valentinskarte anbieten. Mit so einer Illusion kommst du dabei bestimmt groß raus.

1

Zeichne zunächst die Umrissformen des Herzens. Beachte, dass du es in einer Ansicht leicht von oben zeichnest, sodass man es gleichzeitig von oben, aber auch in Teilen von innen sehen kann.

2

Gestalte dann mit leichten Schraffurverläufen die Oberseite und die Innenseite des Herzens. Orientiere dich dabei an der Vorlage.

3

Betone die eigentliche Kontur des Herzens, indem du sie dunkel ausfüllst. Füge noch einen leichten Schatten unter dem Herz hinzu.

Das ist schon super!

4

Für kleine Profis

Ergänze zum Schluss die waagerechten Linien. Sie steigern den Illusions-Effekt.

DETAILANSICHT
Das Detail zeigt die Spitze des Herzens. Wichtig ist vor allem der Schatten, damit das Herz später scheinbar auf dem Tisch steht.

Schneide das Papier oberhalb der letzten Linie und entlang der überstehenden Herzform ab. Jetzt kannst du das Herz fotografieren.

IN SCHWEBE

★★☆

Was du hier zeichnen wirst, ist eines jener „Kaum-zu-glauben-Motive", die zeigen, mit welch einfachen Mitteln man eine wirklich verblüffende Illusion erzeugen kann. Trotzdem sind genaues Hinschauen und sorgfältiges Arbeiten gefragt, denn die Illusion funktioniert nur, wenn du den Quader auch wirklich genauso krumm und schief zeichnest, wie er hier abgebildet ist.

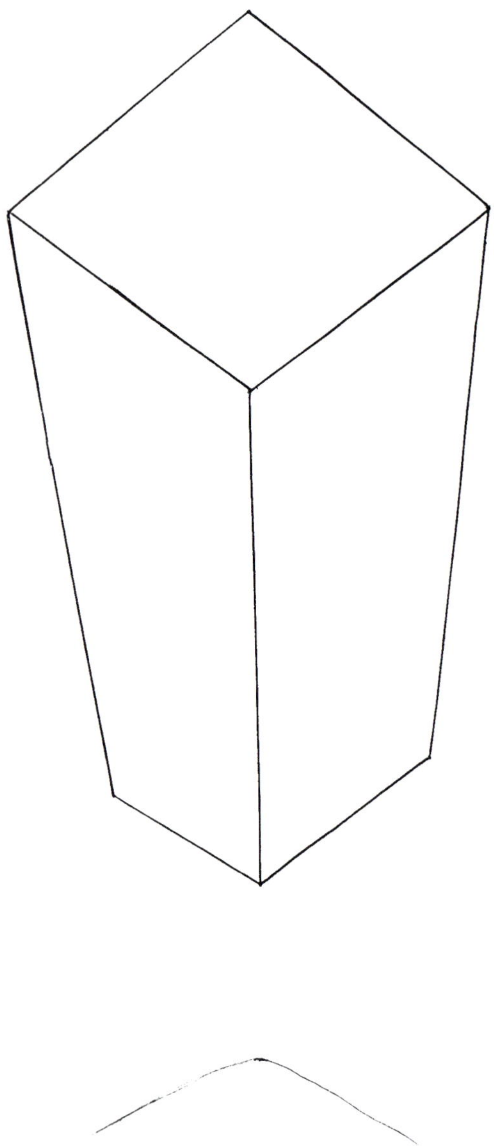

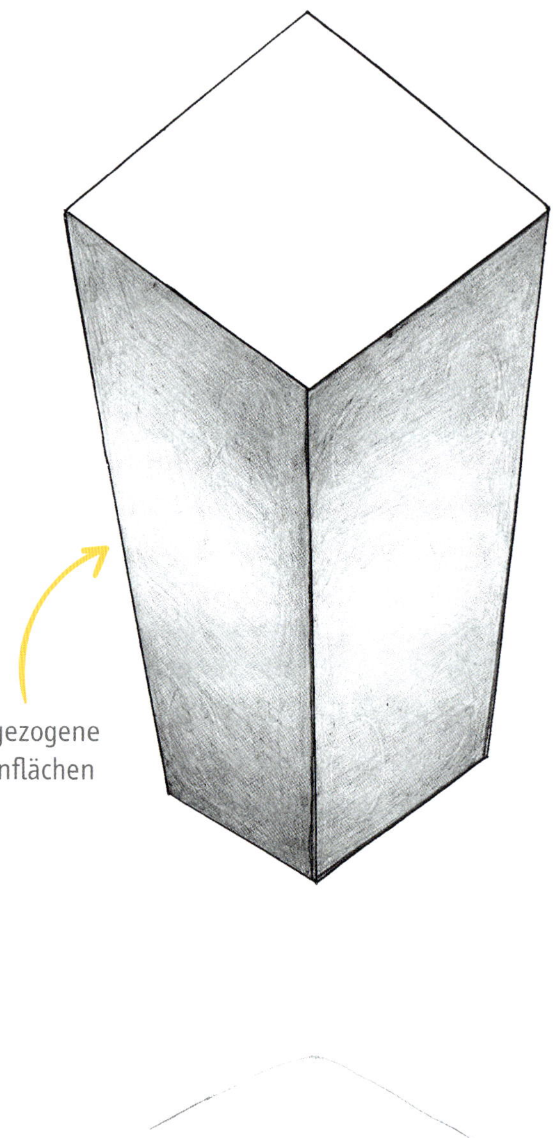

1 Zeichne den Umriss des Quaders. Pass auf, der Quader ist perspektivisch verzogen! Deute auch bereits den Schatten an.

2 Schraffiere die beiden vorderen Seitenflächen des Quaders mit feinen Verläufen.

Aus dem richtigen Winkel wird aus dem Quader ein schwebender Würfel. Verrückt, oder? Mach ein Foto. Noch perfekter wird die Illusion, wenn du mit etwas Geschick einen Teil des Blatts abschneidest, sodass der Quader darüber hinausragt.

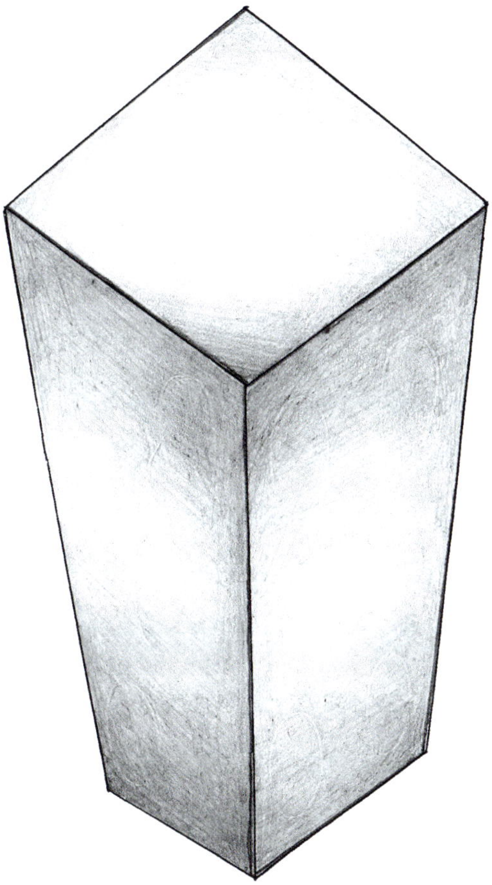

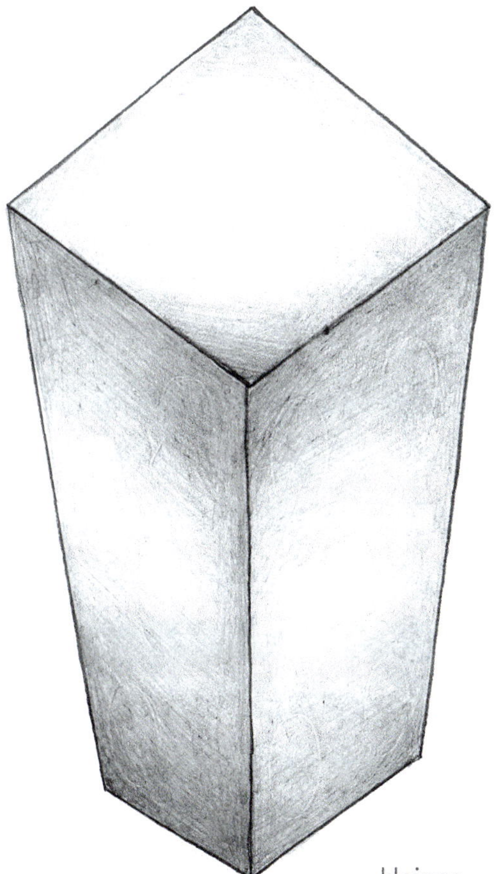

Das ist schon super!

3 Wir bleiben beim Schraffieren. Gestalte die obere Fläche mit leichten Verläufen aus den Ecken heraus.

Für kleine Profis

4 Arbeite den Schatten unter dem Quader aus. Er ist für die spätere Wirkung sehr wichtig.

E HEBT AB

★★☆

Dieser Buchstabe scheint in Begriff, sich vom Papier zu lösen – so, als würdest du einen Sticker abziehen. Für diesen Effekt braucht es kein Foto. Die Schatten und Lichtreflexe sorgen bereits dafür, dass der Buchstabe dreidimensional aussieht und das „E“ sozusagen greifbar wird.

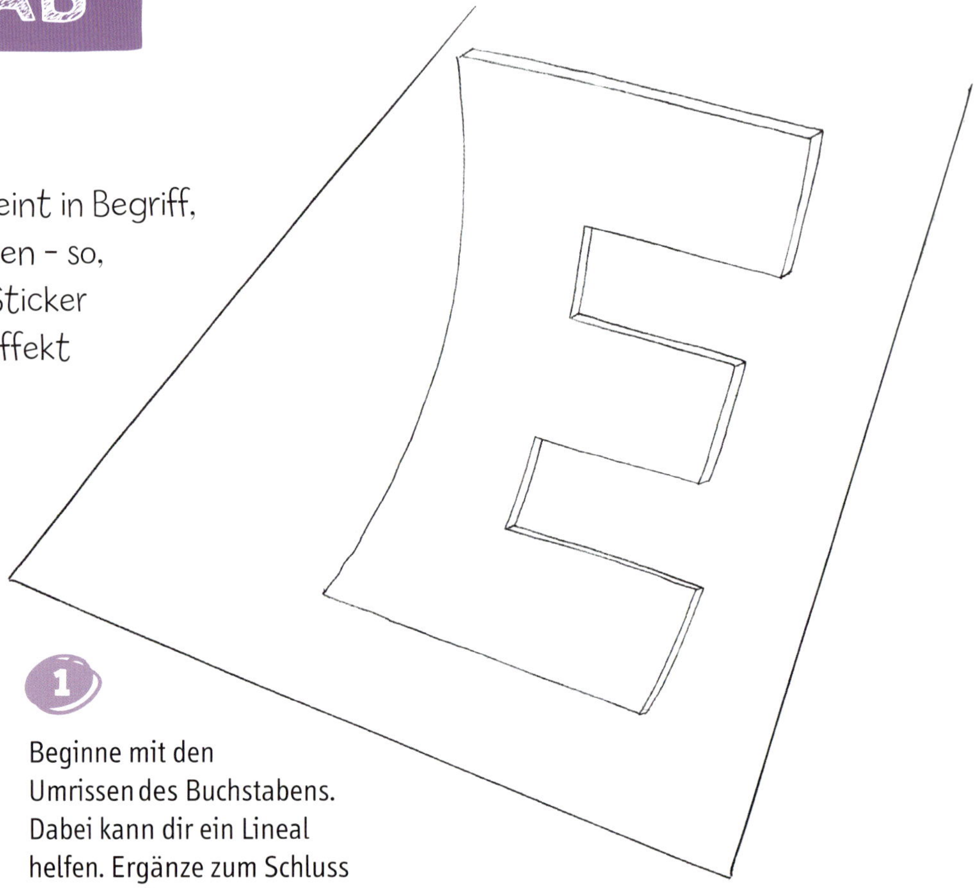

1

Beginne mit den Umrissen des Buchstabens. Dabei kann dir ein Lineal helfen. Ergänze zum Schluss um das „E“ herum mit drei Linien die Kontur einer Seite.

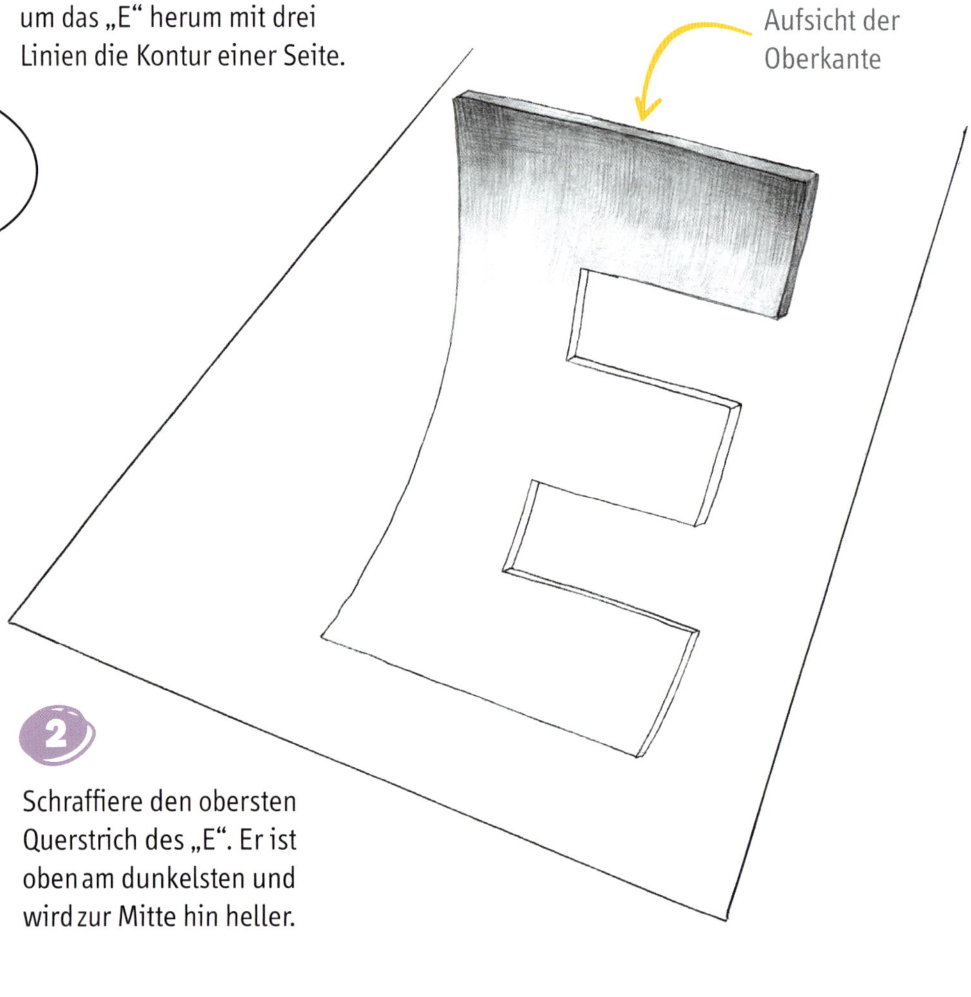

2

Schraffiere den obersten Querstrich des „E“. Er ist oben am dunkelsten und wird zur Mitte hin heller.

3

Schraffiere den unteren Querstrich. Auch hier werden die Schraffuren zur Mitte hin heller. Arbeite dann noch die Ecken des Papiers mit feinen Schraffuren aus.

Das ist schon super!

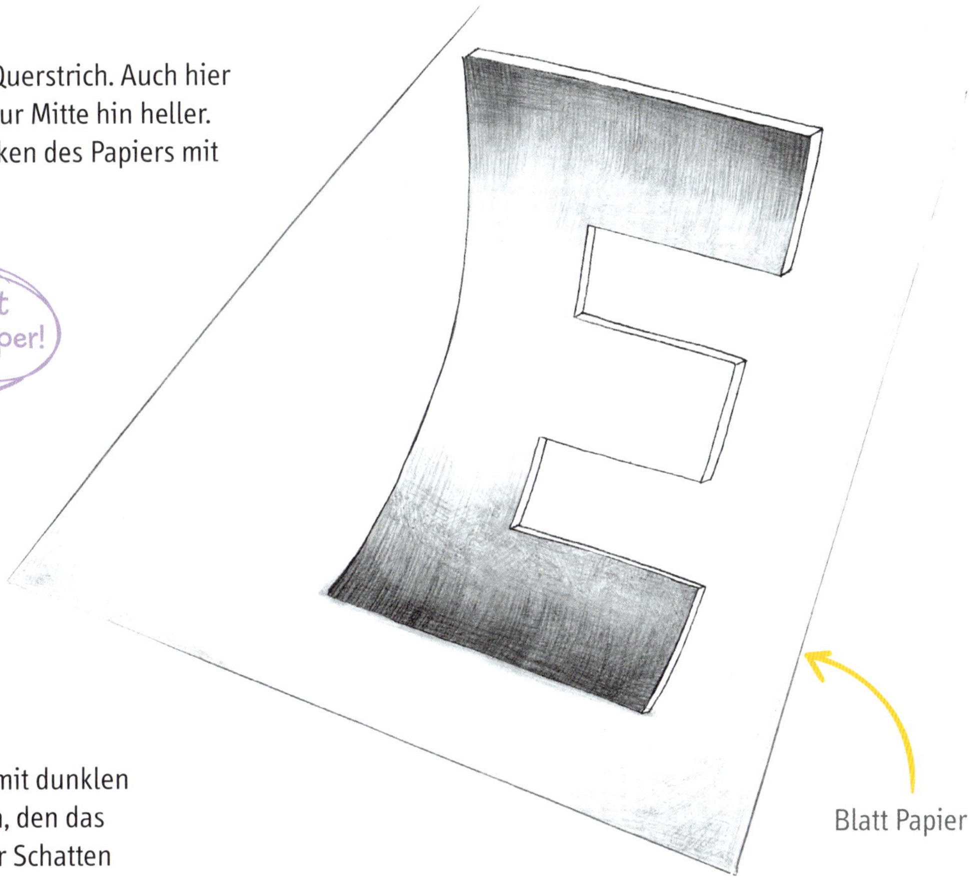

4

Als Letztes zeichnest du mit dunklen Schraffuren den Schatten, den das „E“ wirft. Aufgepasst: Der Schatten hat keine glatten, geraden Ränder, er sieht eher etwas abgesoftet aus.

Für kleine Profis

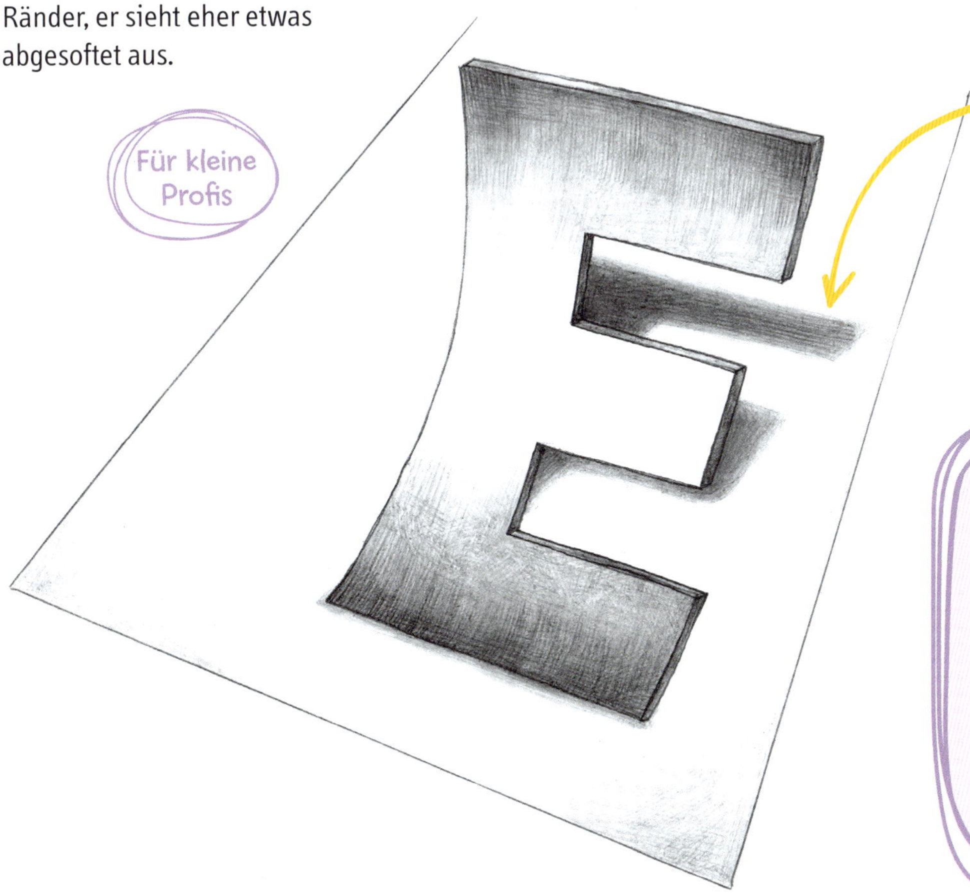

DETAILANSICHT
Das Detail zeigt einen Teil des Schattens. Du siehst die unscharfen Ränder im Gegensatz zu den geraden Kanten des Buchstabens.

KAROTRICHTER

★★★

Bei diesem Motiv geht es in die Tiefe. Wenn du dieses Motiv zeichnen möchtest, solltest du eine ruhige Hand haben und etwas Geduld mitbringen.

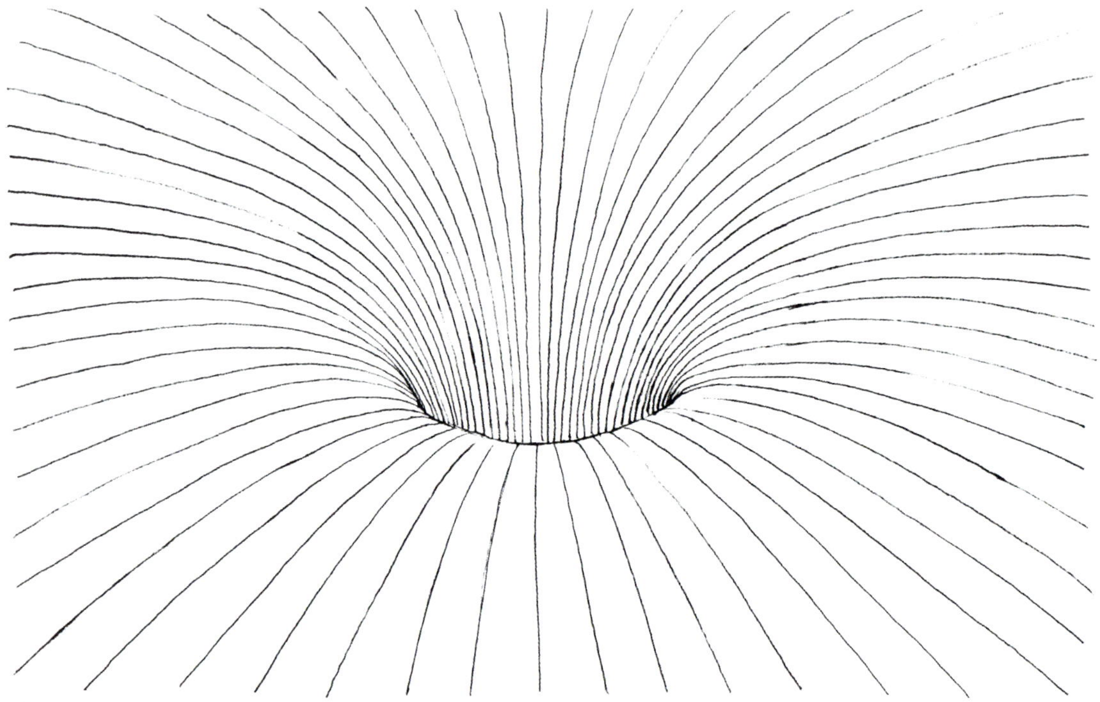

1 Zeichne zunächst die gebogenen Linien, die nach vorne laufen. Ergänze dann die Linien, die nach hinten laufen. Achte auf die richtige Perspektive.

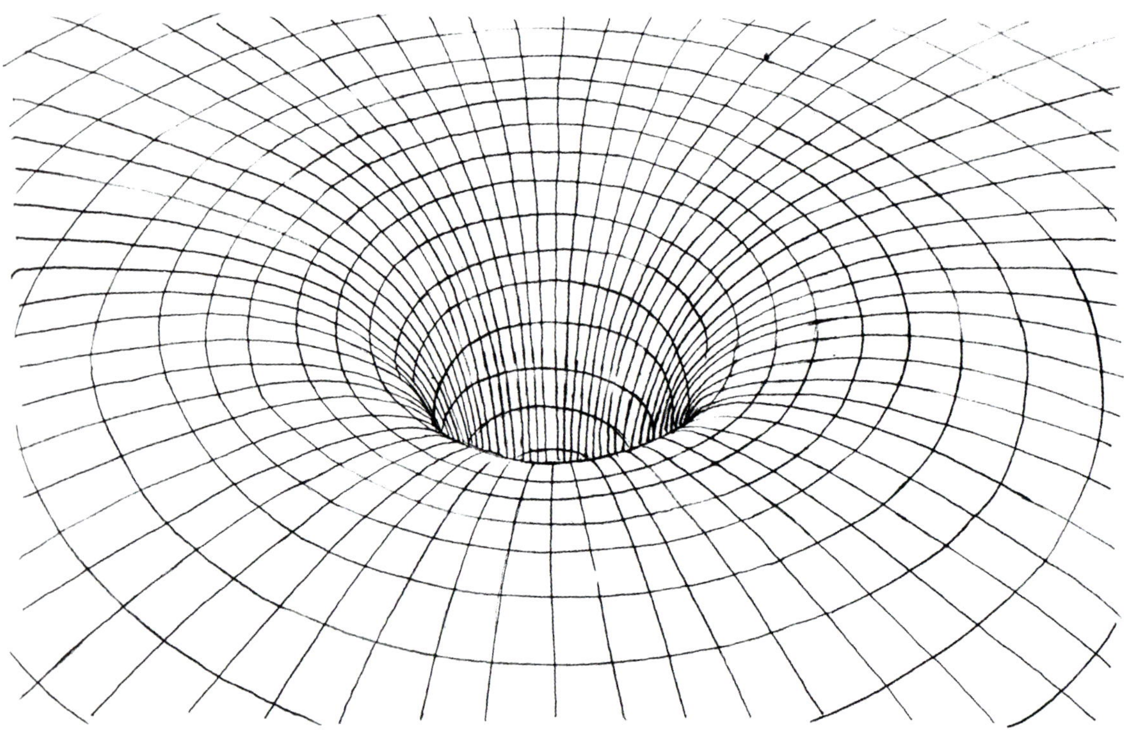

2 Zeichne ovale Konturen um die Trichteröffnung herum und auch in den Trichter hinein. Außen ist der Abstand größer als innen.

3. Schraffiere jedes zweite Kästchen dunkel. Arbeite dich dabei von hinten nach vorne vor. Im Inneren des Trichters ist es am dunkelsten.

Lege deine Zeichnung am besten auf eine Tischplatte und fotografiere den Trichter leicht schräg von oben. Auf diese Weise entwickelt das Motiv seine beste Wirkung.

FLUCHTLEITER

★☆☆

Diese Illusionszeichnung klappt auch bestens, ohne dass du am Schluss ein Foto davon machst. Wer da wohl aus dem dunklen Verlies gekrabbelt ist? Wichtig für eine perfekte Illusion ist der Schatten, den die Leiter an die Wand und auf den Boden wirft.

1 Starte mit der Zeichnung eines Rechtecks. Achtung, es ist perspektivisch verzerrt!

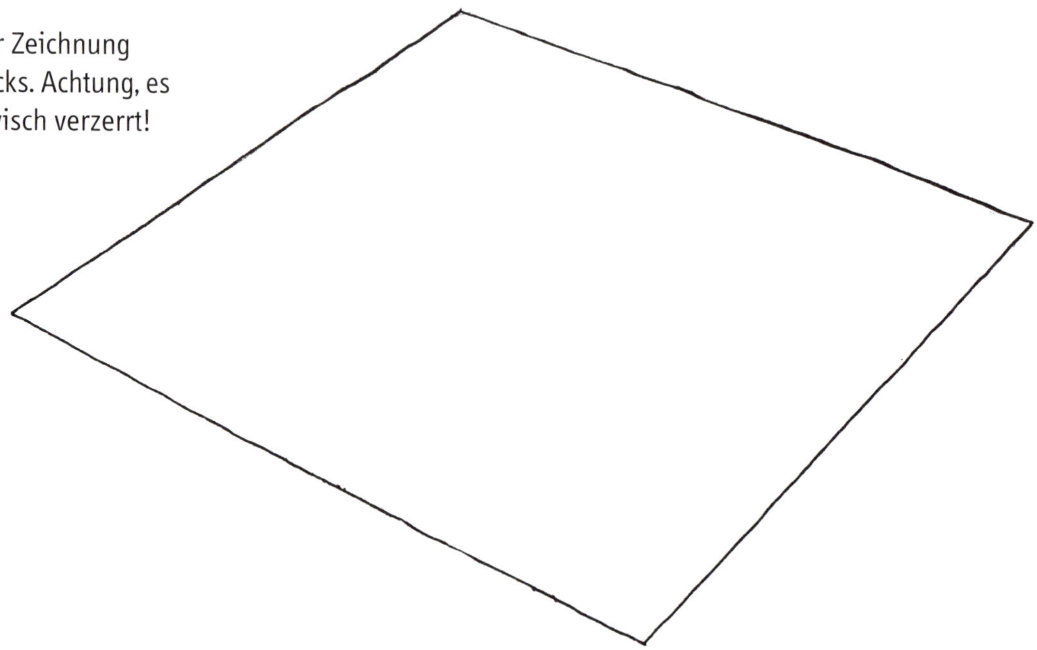

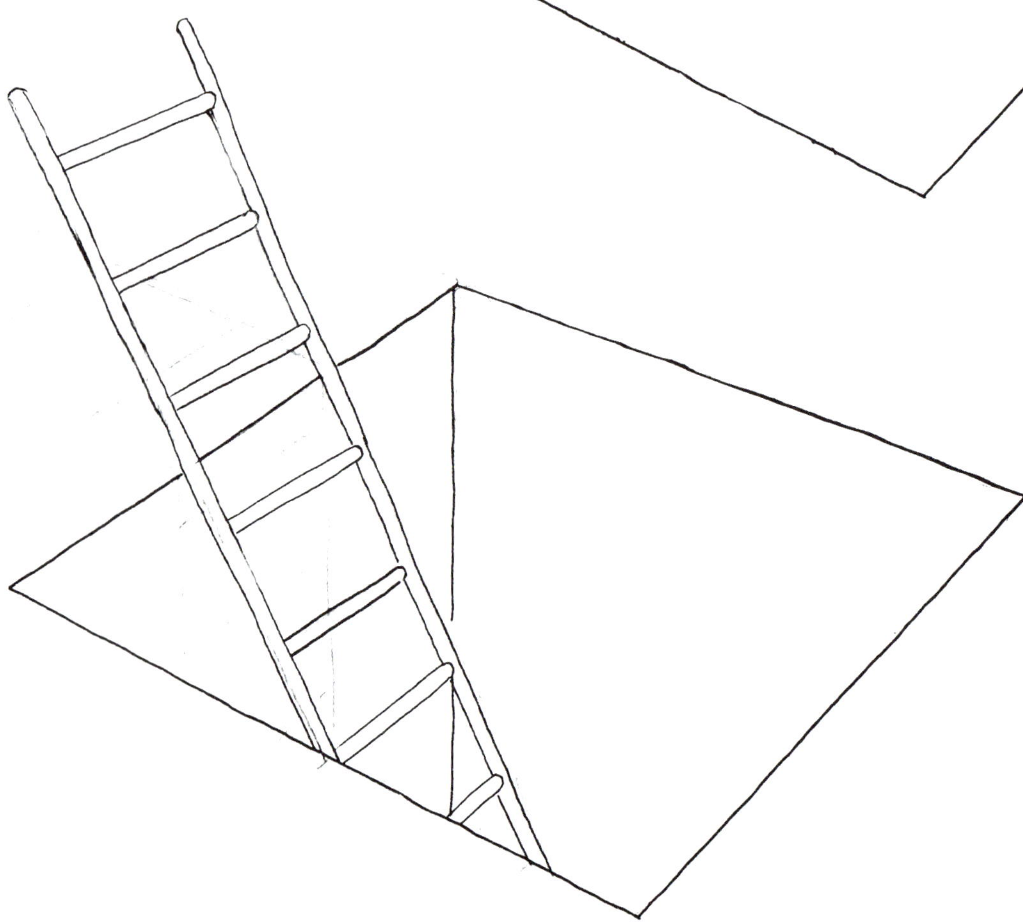

2 Zeichne die Kante ein, die nach unten führt. Anschließend ergänzt du die Kontur der Leiter. Nimm zum Zeichnen gern ein Lineal zu Hilfe und miss auch die Abstände zwischen den Sprossen der Leiter ab, damit sie möglichst gleich ausfallen.

3 Schraffiere die Seitenfläche, die von dir aus gesehen rechts liegt, dunkel, besonders nach unten hin. Zeichne an der Seite, an der die Leiter lehnt, ihren Schatten ein. Schraffiere die Seitenfläche dann heller, sodass der Schatten gut zur Wirkung kommt.

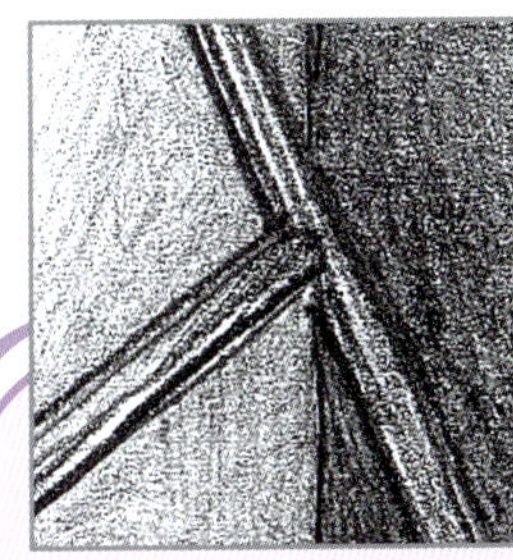

DETAILANSICHT
Das Detail zeigt die unterschiedlichen Helligkeitsstufen des Motivs. Auf der Leiter erkennst du die Holzstruktur.

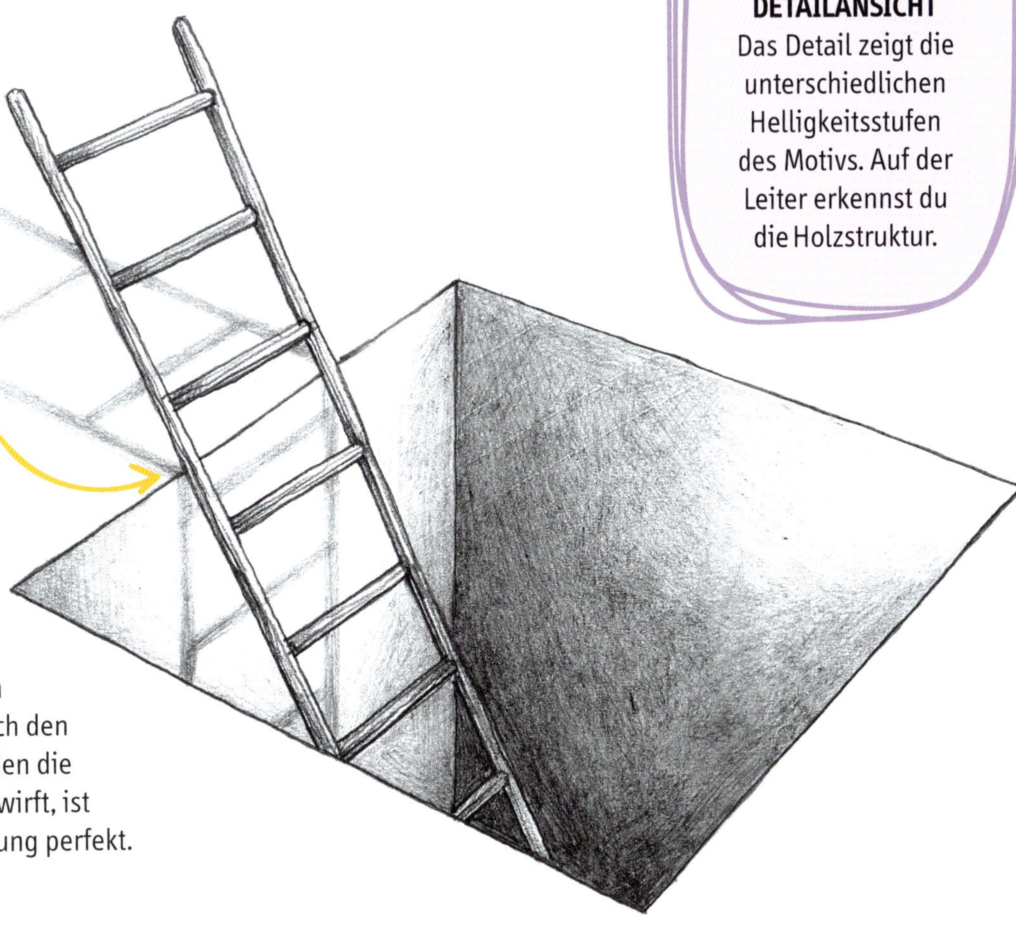

4 Gestalte nun auch die Leiter selbst mit parallelen Schraffuren aus. Wenn du jetzt noch den Schatten hinzufügst, den die Leiter auf den Boden wirft, ist deine Illusionszeichnung perfekt.

SPALT

★★☆

Dieses Kapitel hat dir bereits gezeigt, dass es für einige optische Täuschungen wichtig ist, dass du deine Zeichnung aus dem richtigen Blickwinkel betrachtest. Der Spalt ist ein weiteres gutes Beispiel dafür. Er wirkt allerdings auch schon als pure Zeichnung überzeugend.

1. Starte mit der oberen Kontur des Spalts mit seinen verschiedenen kleinen Rissen.

2. Zeichne dann auch den unteren Rand und achte darauf, dass die Risse in die richtigen Richtungen verlaufen.

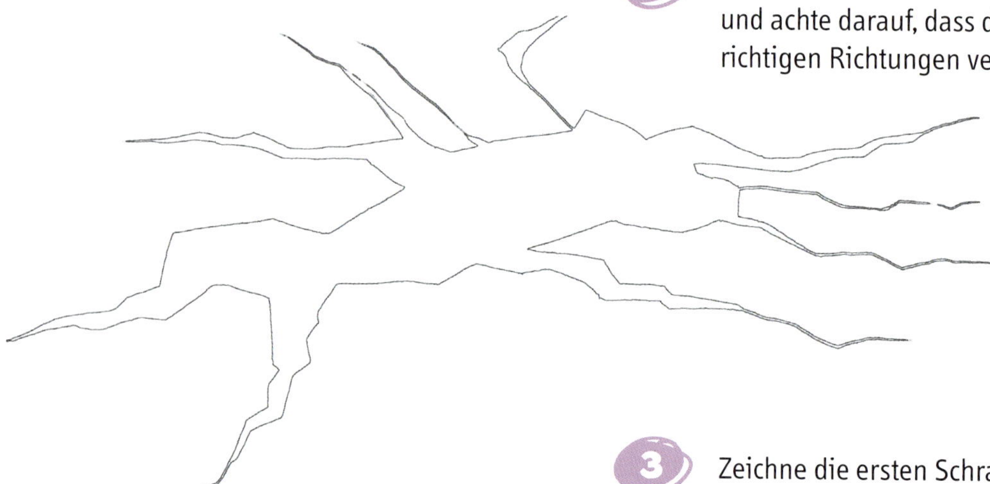

3. Zeichne die ersten Schraffuren in den Spalt. Die Schraffuren werden nach unten dunkler, wo weniger Licht hinkommt.

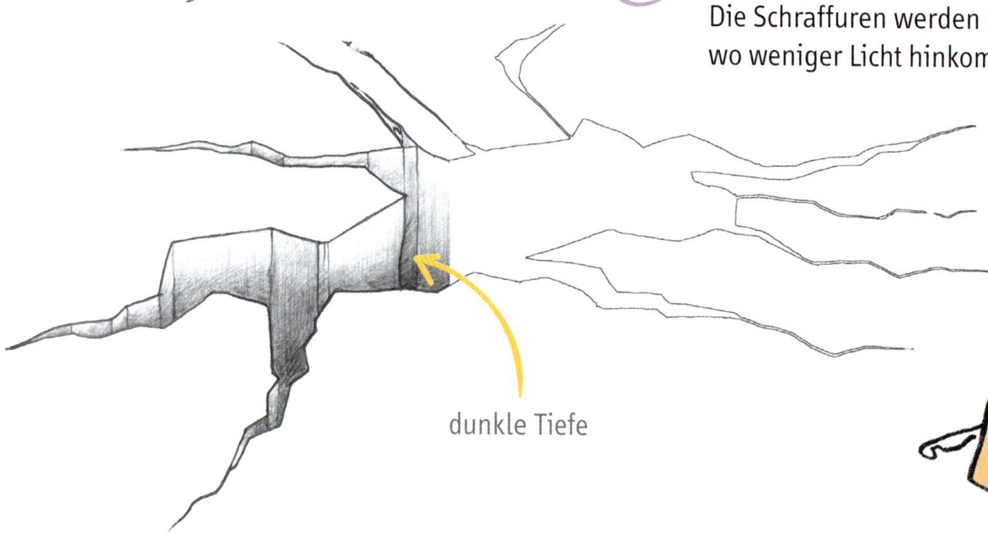

4 Mache so weiter, bis der ganze Spalt fertiggestellt ist und seine Tiefe bekommen hat.

Das ist schon super!

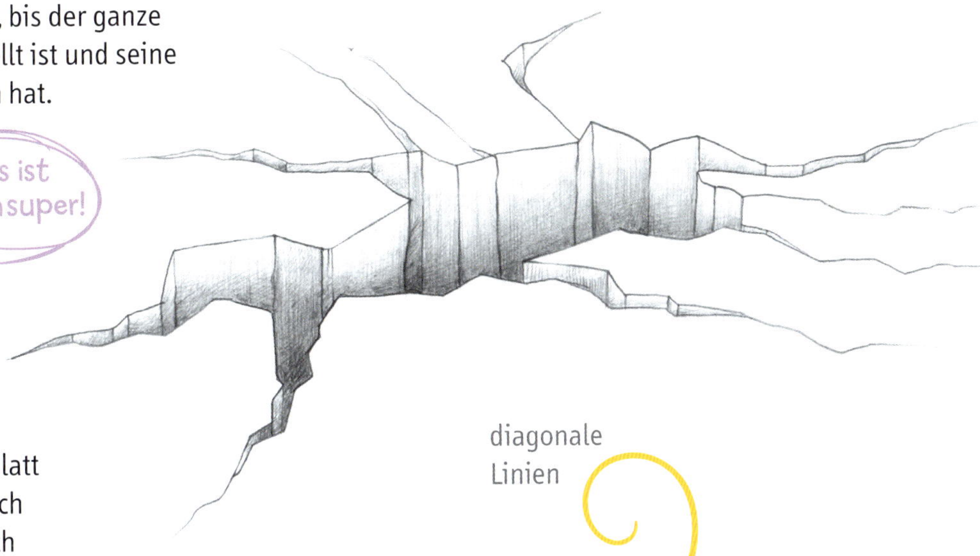

5 Zeichne quer über das Blatt diagonale Linien. Dadurch bekommt das Ganze noch mehr räumliche Tiefe.

diagonale Linien

Für kleine Profis

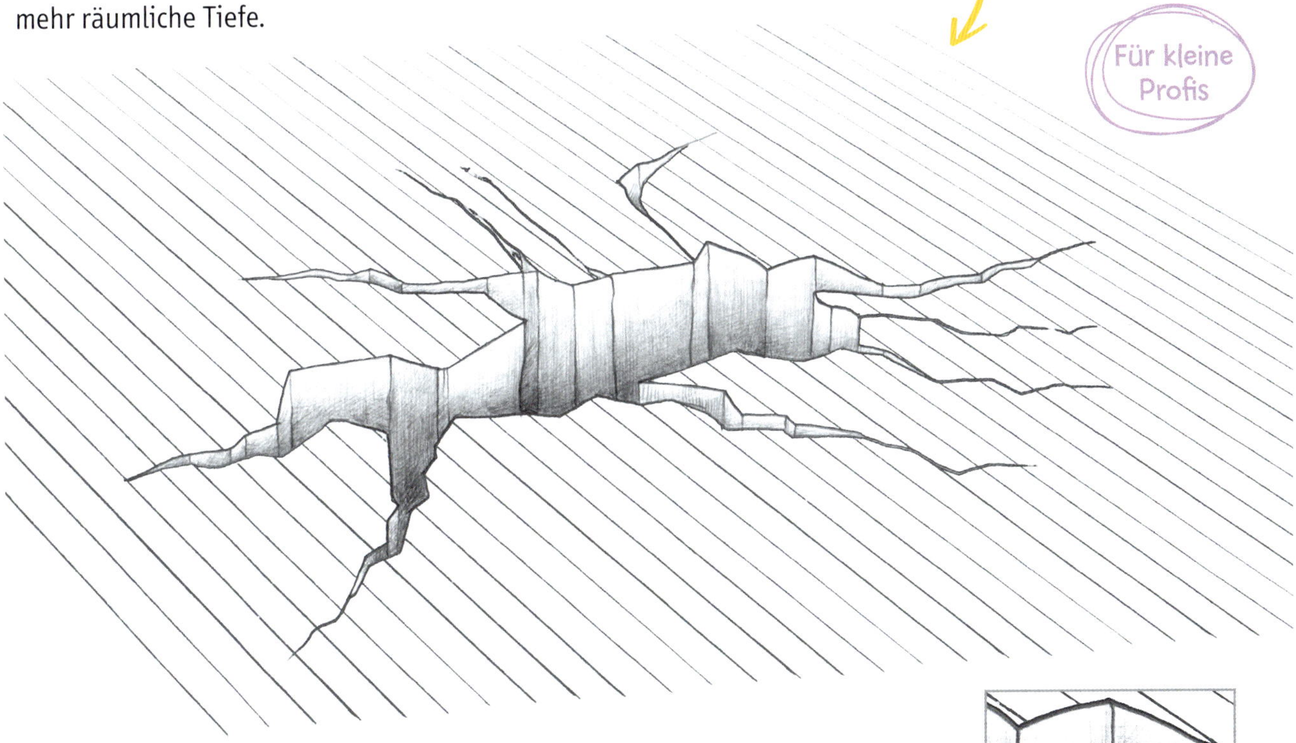

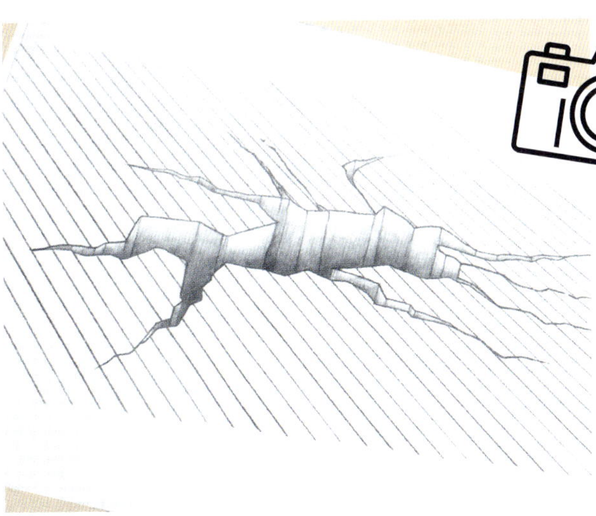

Fotografiere deine Zeichnung wie hier zu sehen. Erkennst du, wie sich der Effekt noch einmal verstärkt?

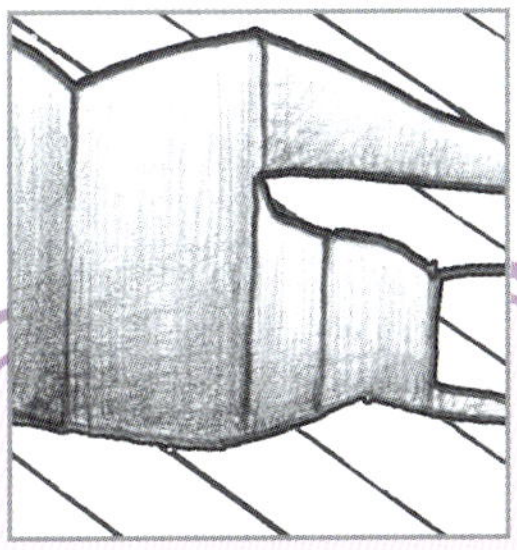

DETAILANSICHT
Das Detail zeigt die dickere dunkle Kontur des Spalts im Gegensatz zu den restlichen Linien.

ANNO 2023

★★★

Bisher haben wir in diesem Kapitel viele Motive gezeichnet, die in die Tiefe gehen. Aber es geht auch umgekehrt! Die (Jahres)zahl hier schiebt sich plastisch aus dem Hintergrund nach vorne. Mit Zahlen funktioniert diese Form der Illusion besonders gut, da sie ganz bestimmte Ecken und Kanten haben, an denen du dich orientieren kannst.

1

Lege rechts unterhalb der Zahl einen Fluchtpunkt fest, zu dem alle Linien führen, die von den einzelnen Ziffern ausgehen.

2

Schraffiere nun alle nach unten fluchtenden Flächen. Die unteren Seitenflächen werden dabei etwas dunkler gearbeitet. Füge unten einen Schatten ein.

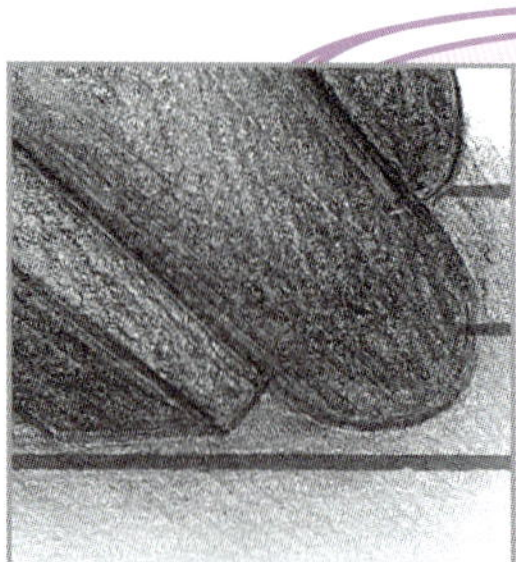

DETAILANSICHT
Das Detail zeigt die Schraffuren. Sie sind alle auf den Fluchtpunkt ausgerichtet.

3 Ergänze waagerechte, parallele Linien. Sie haben alle denselben Abstand zueinander. Innerhalb der Ziffern wird nur jede zweite Linie eingezeichnet.

Schneide das Papier oberhalb der letzten Linie und entlang der überstehenden Zahlen ab. Dann kannst du das Motiv fotografieren. Erkennst du, wie sich der Effekt noch einmal verstärkt?

KELLERTREPPE

★☆☆

Dieses Motiv einer Kellertreppe mit Tür funktioniert nur mit dem dazu passenden Foto. Als Zeichnung sieht das Motiv eigenartig aus, da die meisten Linien leicht krumm erscheinen, die Tür einen Knick hat und der Schatten seltsam schräg dahinterliegt. Der Effekt beim Foto ist dafür umso überraschender!

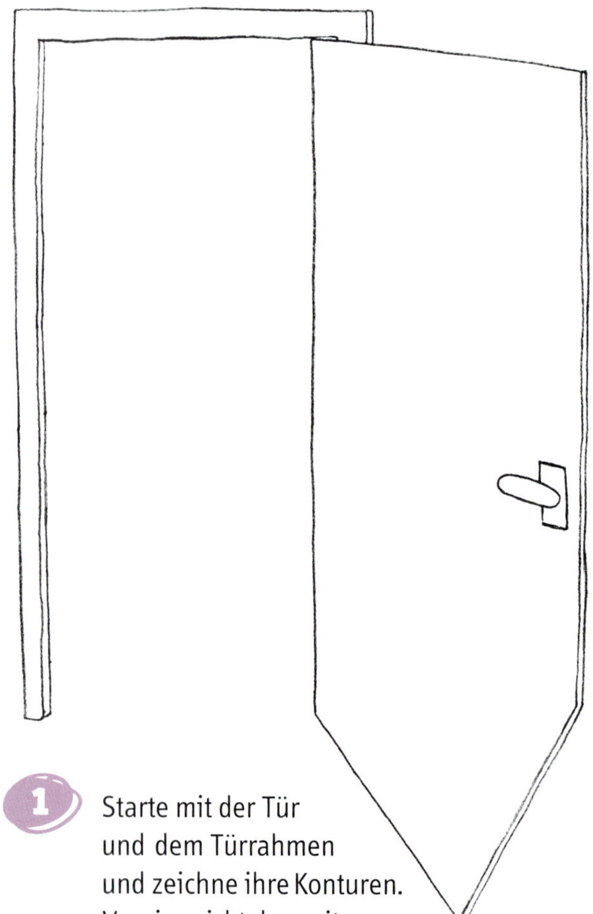

1. Starte mit der Tür und dem Türrahmen und zeichne ihre Konturen. Vergiss nicht den spitzen Winkel an der Tür.

2. Zeichne dann die Treppenstufen, die hinter der Tür nach oben führen.

3 Gestalte jede einzelne Treppenstufe mit Schraffuren. Bei den untersten beiden Stufen bleibt der linke Bereich hell, um einfallendes Licht darzustellen. Lege auch an der seitlichen Kellerwand leichte Schraffuren an.

DETAILANSICHT
Das Detail zeigt den Kontrast zwischen den dunklen Vorderseiten der Stufen und den helleren Oberseiten und der Wand.

Falte das Papier wie hier zu sehen und stelle es im 90-Grad-Winkel auf. Achtung: Beim Fotografieren musst du die exakte Höhe und den exakten Winkel treffen, aus denen das Bild funktioniert.

4 Schraffiere zum Schluss noch den Schattenbereich hinter der Tür.

A MIT TIEFGANG

Mit Zahlen, die sich von deinem Zeichenblatt abheben, hast du ja schon Erfahrung gesammelt. Dann klappt es bestimmt auch mit einer Zeichnung, auf der sich ein Buchstabe in die Tiefe senkt. Lass dich überraschen, wie das bei dem Buchstaben „A“ wirkt, sowohl als Zeichnung als auch auf dem Foto.

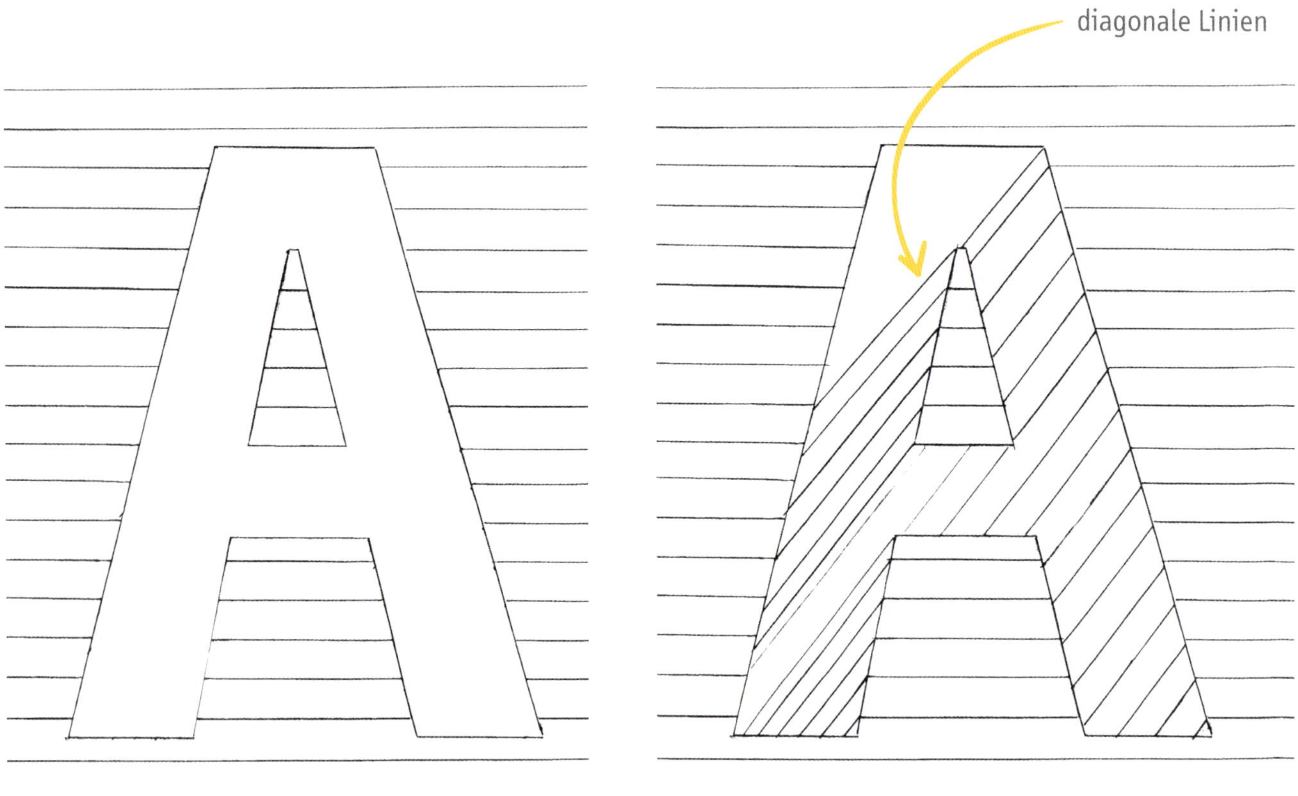

1. Starte mit dem Umriss des Buchstabens. Zeichne dann die waagrechten, parallel mit gleichem Abstand verlaufenden Linien. Spare dabei das „A“ aus.

2. Innerhalb des „A“ zeichnest du diagonale Linien, die erste von der rechten, oberen Ecke über die Spitze in der Mitte zum linken Rand. Die anderen Linien verlaufen parallel dazu als Fortführung der waagerechten Linien von rechts.

3 Gestalte nun die Flächen innerhalb des „A“ mit dunklen, ebenfalls nach links unten verlaufenden Schraffuren. Die ausgesparten Lücken bleiben noch weiß.

4 Arbeite die weißen Flächen teilweise dunkel aus. Gestalte den oberen Eckbereich des „A“ etwas heller und schraffiere noch einige helle Bereiche rund um das „A“.

Lege deine Zeichnung flach auf eine Tischplatte und fotografiere fast auf einer Höhe mit der Tischplatte. Erst jetzt kommt die Illusion wirklich zur Geltung!

GERADE RUNTER

★☆☆

Auf den ersten Blick scheint diese Treppe in einem Bogen zu verlaufen. Wenn du das Papier jedoch an der richtigen Stelle faltest und dann aus dem passenden Blickwinkel fotografierst, verläuft sie stattdessen gerade von oben nach unten. Aus der unmöglichen Treppe wird ein normaler Treppenaufgang. Mit den eingezeichneten Schatten ist es eine perfekte Täuschung.

1

Zeichne den Umriss des Durchgangs und der oberen Hälfte der Treppenstufen.

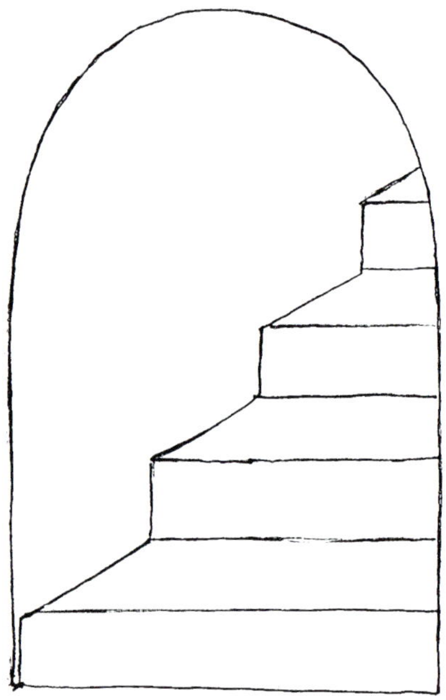

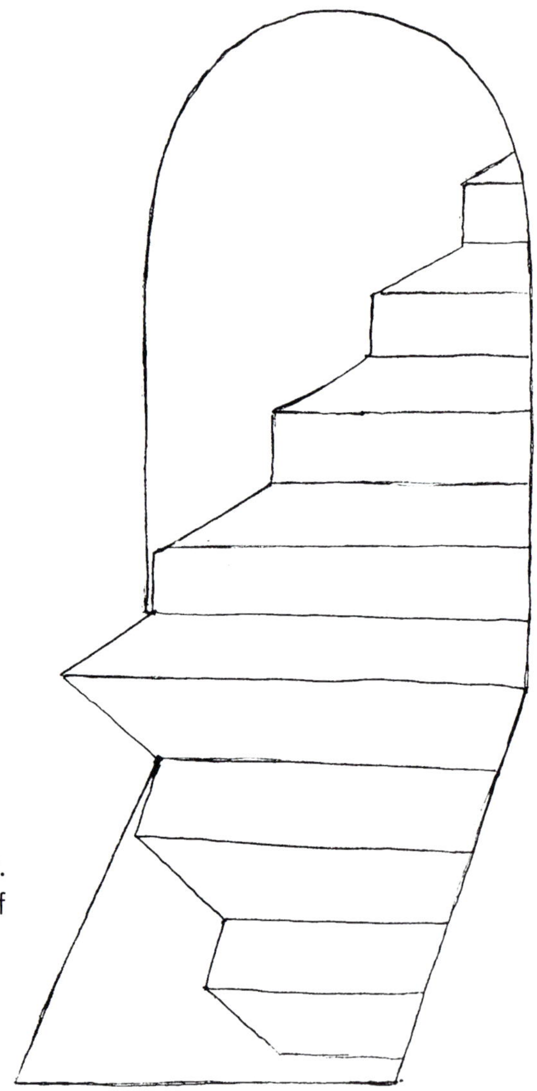

2

Setze die Treppe mit Wand nach unten fort. Achte dabei genau auf die Winkel. Nur dann funktioniert am Ende die Illusion.

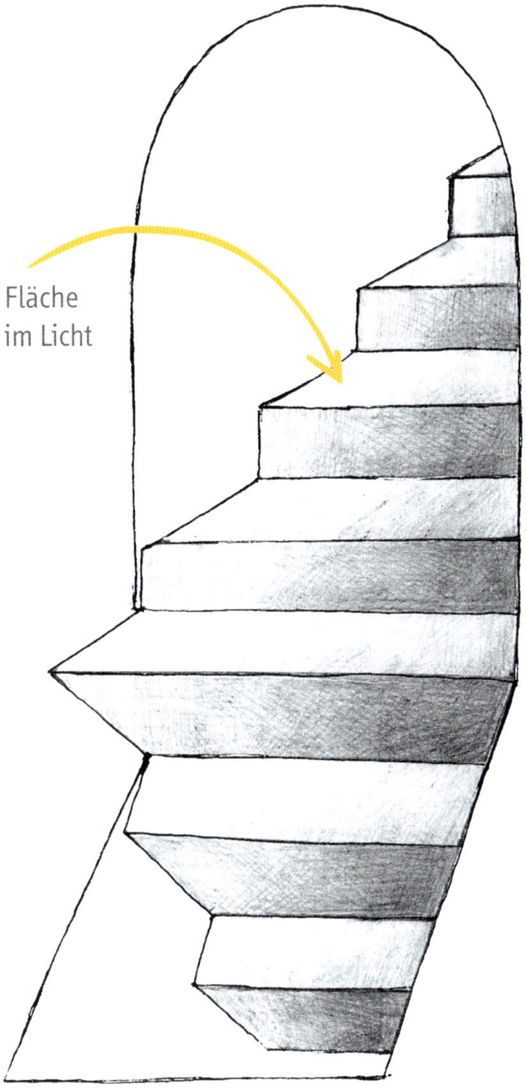

3

Gestalte die Treppe mit Schraffuren aus. Die Stufen sind auf der linken Seite heller, weil das Licht von der Seite hereinfällt.

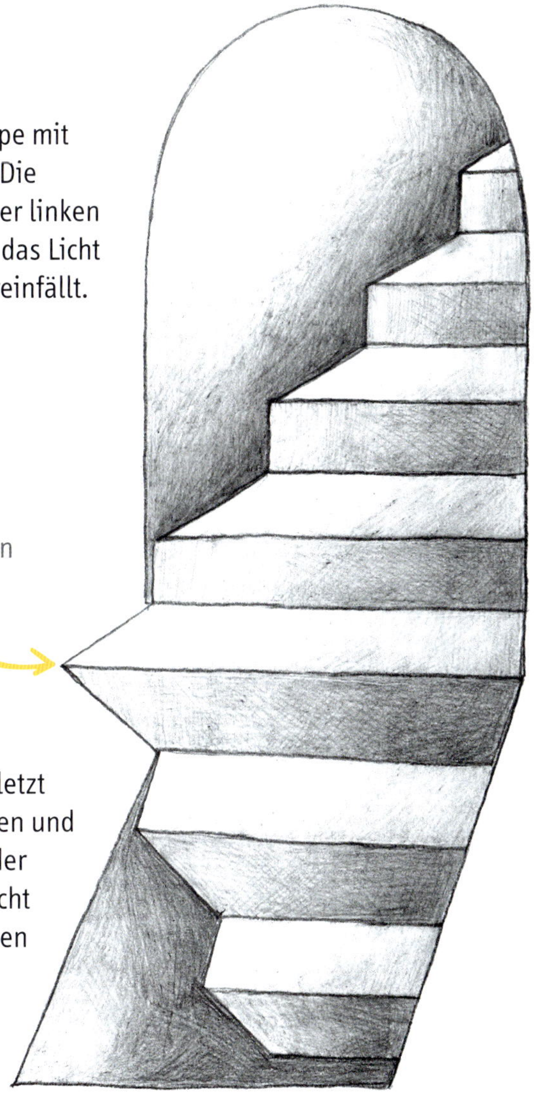

4

Schraffiere zuletzt die Wände oben und unten neben der Treppe. Das Licht kommt von oben links, darum ist die Wand dort heller.

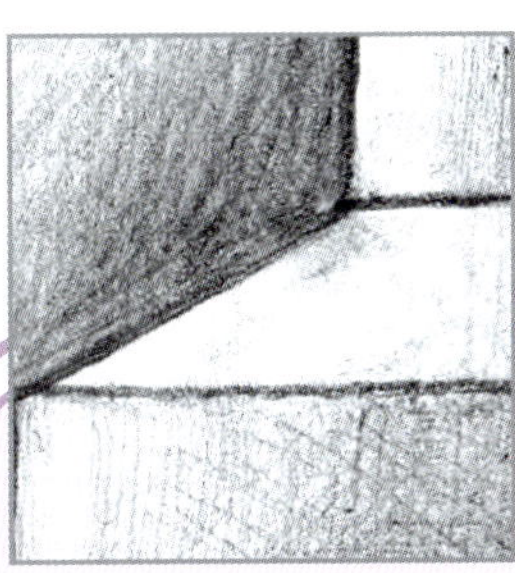

DETAILANSICHT
Die Detailansicht zeigt die Schraffuren an den dunklen Vorderseiten der Stufen, der hellen Oberseite und der Wand.

Falte das Papier an der Stelle, wo die Treppe eine Spitze bildet, und stelle es im 90-Grad-Winkel auf. Fotografierst du das Bild nun von schräg rechts im richtigen Winkel, dann siehst du eine echte drei-dimensionale Treppe.

ABGEHOBEN

★★★

Erinnerst du dich noch an den schwebenden Würfel? Dieses Motiv ist ganz ähnlich – mit dem Unterschied, dass der Körper hier ein Karomuster hat, das etwas schwieriger zu zeichnen ist. Allerdings verstärkt das Muster auch die Illusion und macht sowohl die Zeichnung als auch das Foto interessanter.

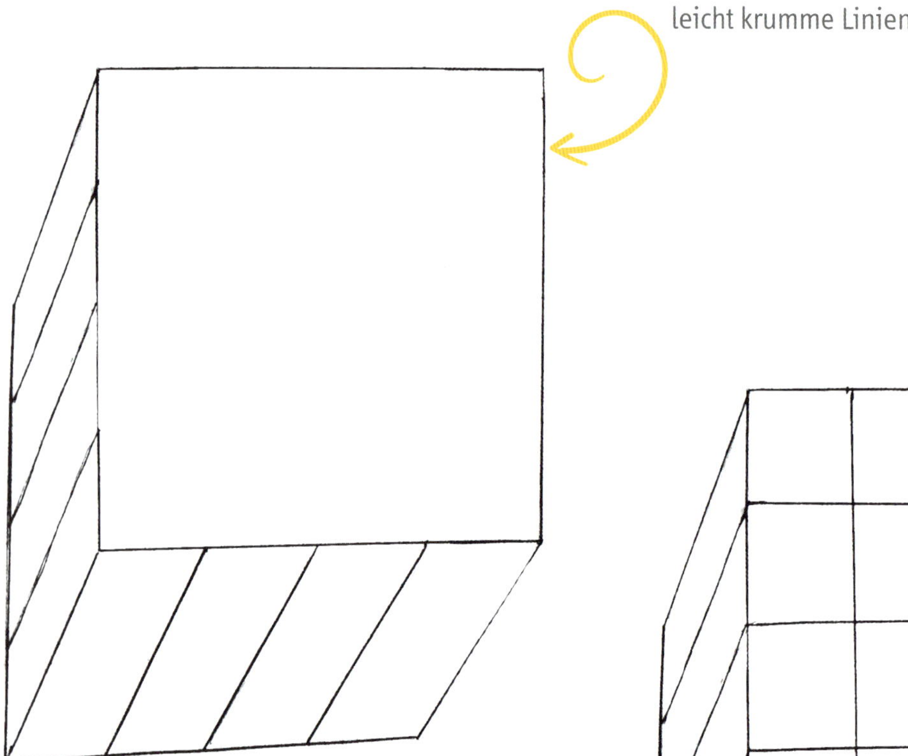

1 Starte mit einem leicht krummen Quadrat. Zeichne dann die linke und die untere Seitenfläche mit den Musterlinien dazu.

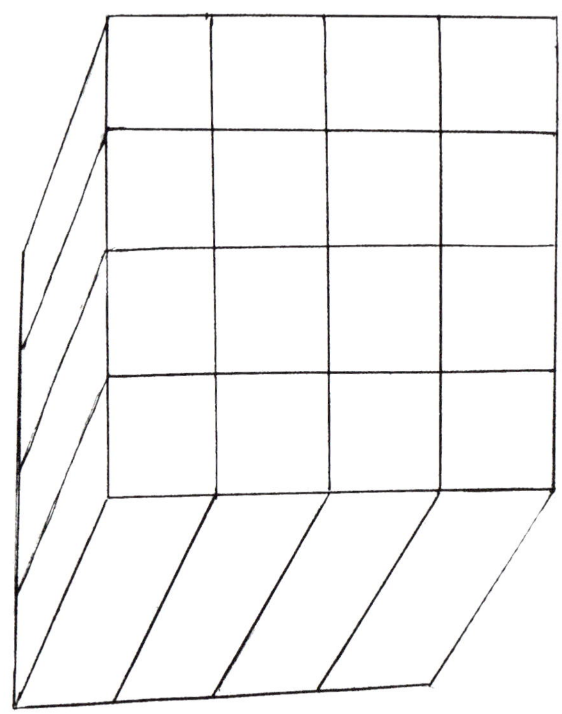

2 Zeichne jetzt sorgfältig das Karomuster auf der Quadratfläche ein.

dunkle
Schraffuren

3 Schraffiere jedes zweite Kästchen des Karomusters dunkel. Gestalte auch die ersten Streifen an der Seitenfläche, die nach unten gerichtet ist.

4 Mache mit deiner Arbeit weiter, bis das ganze Muster fertig ist. Ergänze zum Schluss noch den Schatten unterhalb des Körpers.

Schlagschatten
des Körpers

Für die perfekte Illusion musst du einen Teil des Papiers abschneiden, sodass ein Stück des Quaders freiliegt. Orientiere dich dafür am Foto.

DETAILANSICHT
Das Detail zeigt eine Ecke des gemusterten Körpers mit allen Schraffuren.

ABGEDREHT

★★☆

Diese Doppelseite zeigt einen verblüffenden Effekt, der nur schwer zu erklären ist: Schau die Kreise mit den Pfeilspitzen genau an. Hast du auch den Eindruck, dass sich das Bild irgendwie bewegt? Erzeugt wird diese Illusion im Gehirn, denn dort sind bestimmte Informationen in Bezug auf konkrete grafische Formen oder Farben hinterlegt, die beim Betrachten aktiviert werden.

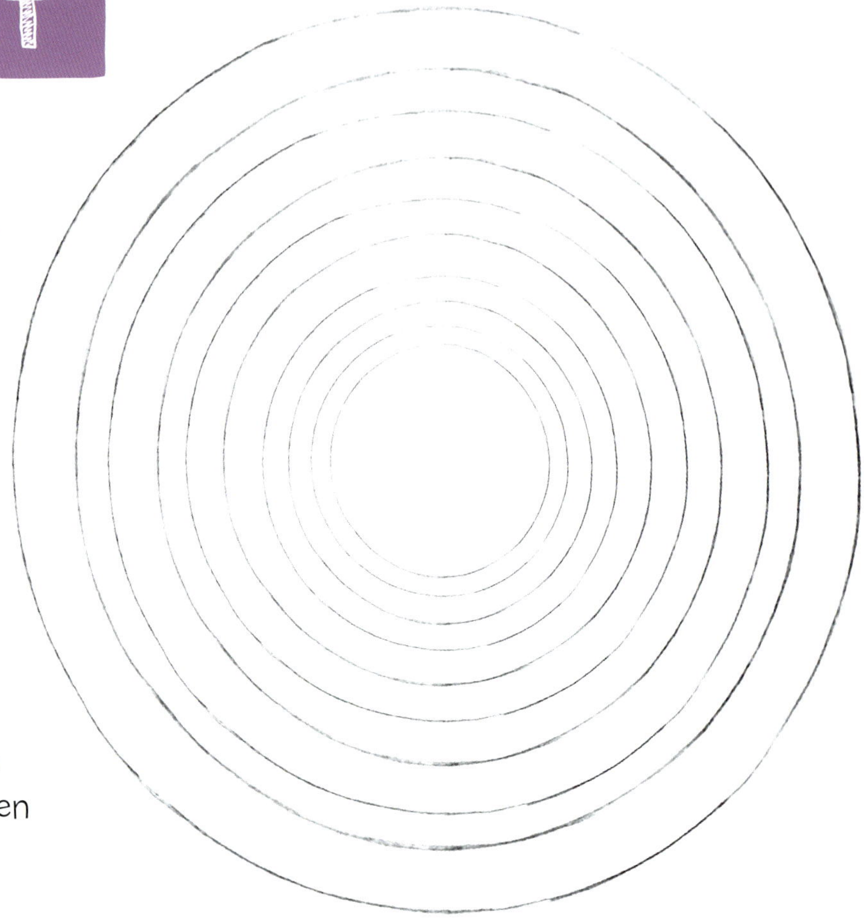

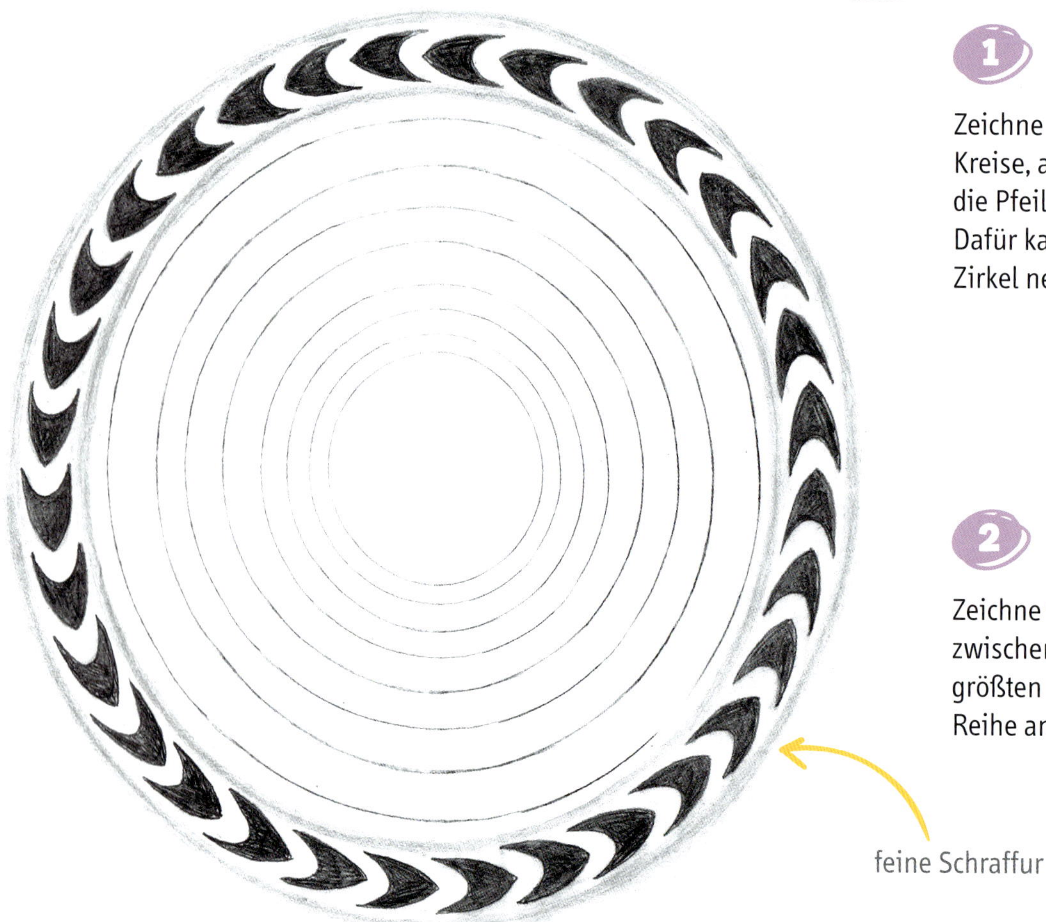

1

Zeichne zunächst fein die Kreise, auf die sich dann die Pfeilspitzen beziehen. Dafür kannst du einen Zirkel nehmen.

2

Zeichne flächig dunkel zwischen die beiden größten Kreise die erste Reihe an Pfeilspitzen.

Das ist schon super!

3

Gestalte dann zwei weitere Kreise mit Pfeilspitzen, wobei diese immer kleiner werden. Mit jedem Kreis wird außerdem die Richtung gewechselt.

Für kleine Profis

4

Führe diese Arbeit bis zum Ende fort und vergiss nicht die hellen kreisförmigen Schraffuren um die Pfeilspitzen herum.

DETAILANSICHT
Im Ausschnitt sind mehrere dunkle Pfeilspitzen zu sehen. Zur Mitte werden sie immer kleiner.

BUCHEMPFEHLUNGEN FÜR DICH

Hast du Lust auf noch mehr tolle Bücher?

ISBN 978-3-7358-9055-9

ISBN 978-3-7724-8437-7

ISBN 978-3-7358-9006-1

ISBN 978-3-7358-9007-8

ISBN 978-3-7724-4394-7

ISBN 978-3-7358-9008-5

ISBN 978-3-7724-4399-2

ISBN 978-3-7724-7188-9

ISBN 978-3-7724-7880-2

ISBN 978-3-7358-9066-5

ISBN 978-3-7358-9009-2

ISBN 978-3-7358-9010-8

Viele weitere Kreativ-Bücher findest du auf www.TOPP-kreativ.de

DÜRFEN WIR VORSTELLEN? WIR SIND TOPP!

Uns, unsere Autoren, Bücher, Sets und viele, viele Bastelideen gibt's nicht nur auf Events und in Buchhandlungen, sondern natürlich auch online:

www.TOPP-KREATIV.de

www.YouTube.com/Frechverlag

www.TOPP-KREATIV.de/Newsletter

www.Instagram.com/Frechverlag

www.Facebook.com/Frechverlag

www.Pinterest.com/Frechverlag

www.TOPP-kreativ.de/DigiBib

Der Autor, geboren am 12. November 1967, ist einem breiten Publikum unter dem Namen „Gecko Keck“ als Zeichner und Designer bekannt und in der Kreativszene schon seit langer Zeit etabliert. Fast jeder kennt seine Designs für die Ferrero Ü-Eier (über 5000 Designs und 300 Modelle) oder die von ihm entwickelte bayala® Welt der Firma Schleich®. An zahlreichen Lizenzprodukten großer internationaler Marken wie Sponge Bob, Herr der Ringe, Harry Potter, Hello Kitty, Tabaluga, Asterix®, The Incredibles oder den Peanuts (um nur einige zu nennen) hat er als Gestalter mitgewirkt. Inzwischen wurden bereits über 60 Bücher von Gecko Keck veröffentlicht, einige davon Kinder- und Jugendgeschichten, viele davon aber auch zum Thema Malen und Zeichnen. Besonders auch als Autor von Kinderzeichenbüchern der Reihe „Die Kunst des Zeichnens für Kinder“ und als Manga-Zeichner hat er sich dabei einen Namen gemacht. Zahlreiche Kurse, über ganz Deutschland verteilt, haben zu diesen Themen bereits stattgefunden.

www.facebook.com/GeckoKeckBuecher

KREATIV-HOTLINE
Hilfestellung zu allen Fragen, die Materialien und Bücher zu kreativen Hobbys betreffen:
Wir beraten Sie. Rufen Sie an oder schreiben Sie eine E-Mail!
Telefon: 0711 / 123 757 20*
E-Mail: mail@kreativ-service.info

*normale Telefongebühren

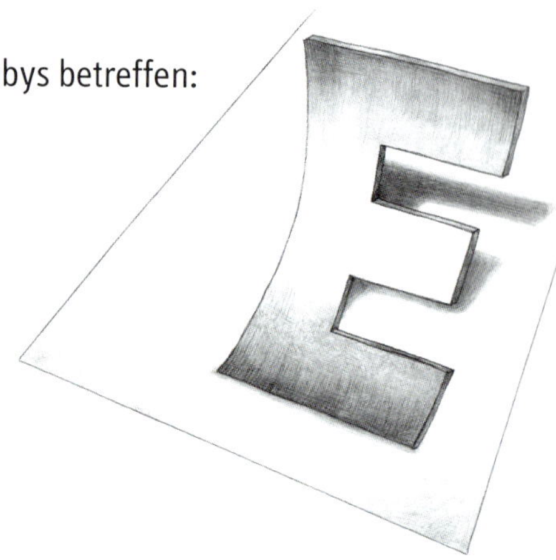

IMPRESSUM

ZEICHNUNGEN: Gerhard Wörner, Stuttgart
PRODUKTMANAGEMENT: Nele Schlötzer
LEKTORAT: Betz Lektorat + Redaktion, Tübingen
COVERGESTALTUNG: Tatjana Weiß
HERSTELLUNG: Sophia Höpfner
SATZ: tebitron GmbH, Gerlingen
DRUCK UND BINDUNG: PNB Print Ltd, Lettland

FREISCHALTECODE für die Übungsseiten: 59342

3. Auflage 2024

ISBN 978-3-7358-9054-2 • Best.-Nr. 29054

FSC www.fsc.org
MIX
Papier | Fördert gute Waldnutzung
FSC® C084698

Penguin Random House Verlagsgruppe FSC® N001967